小学校

考え、議論する

道徳科授業の新展開
―低学年―

［編著］
赤堀博行

東洋館出版社

はじめに

　「特別の教科　道徳」（道徳科）がスタートする。授業をする先生方には、道徳科の特質を理解した上で、児童に考えさせたいこと、学ばせたいことを明確にして授業を行っていただきたい。

　今次の道徳教育の改善に際して、道徳授業の特質を生かした授業が行われていない場合があることが挙げられ、読み物の登場人物の心情理解のみに偏った指導が行われていることや、発達の段階などを十分に踏まえず、児童に望ましいと思われる分かりきったことを言わせたり書かせたりする指導に終始しているなどの課題が指摘された。

　学習指導要領改正に際して、答えが１つではない道徳的な課題を一人一人の児童が自分自身の問題と捉え、向き合う「考える道徳」「議論する道徳」へと転換を図ることが示された。児童が多様な教材を通して道徳的価値に関わる諸事象を自分事と受け止め、自分との関わりで考える主体的・対話的で深い学びが求められる。そして、自分の考え方、感じ方を明確にもち、友達との話し合い活動などの対話的な学習を通して、道徳的価値の自覚を深めることが大切である。「議論する」とは、ある問題について互いの考えを述べ合うこと、多様な考え方や感じ方に出合って自分の考え方、感じ方を深めることである。

　「考える道徳」「議論する道徳」の具現化には、授業者がねらいとする道徳的価値についての理解を深め、授業者自身が道徳的価値について考えさせたいことを明らかにして日々の道徳教育を行うことが大切である。これらの指導により、児童によさが見られるようになる。一方で新たな課題も見えてくる。これにより、授業者の児童に「さらに考えさせたいこと」が込み上げてくる。このことこそが、児童に授業において考えさせるべきことであり、教材活用の視点にもなるものである。

　道徳科の授業においては教材が果たす役割は大きい。しかし、教材を効果的に活用するためには、その基盤となる児童に考えさせなければならないこと、言い換えれば授業者の明確な指導観を確立することが重要である。他教科と異なり、道徳科は教師の指導観により多様な学習展開が考えられる。仮に、同じ教材を用いたとしても、授業者の思いや児童の実態によって、授業が多様な展開になることはむしろ当然と言える。

　そうした意味で道徳授業は実に難しいものである。しかし、それ以上に、目の前の児童の実態に応じて多様な展開ができるという面白さがある。全国の多くの学校で、児童が道徳的価値を自分事として目を輝かせて考える姿が見られるようになってほしい。こうした授業改善の充実を図る上で、本書における多くの指導事例が参考になれば幸いである。

　また、本書の上梓に当たって、ご尽力賜った東洋館出版社、ご担当の近藤智昭氏、村田瑞記氏に心より謝意を表するところである。

平成30年2月吉日　赤堀　博行

小学校

考え、議論する道徳科授業の新展開　低学年
もくじ Contents

はじめに　*1*

理論編

考え、議論する道徳科授業を目指して …………… *5*

低学年における道徳科の特質　*6*
考え、議論する道徳科授業の基本的な考え方　*12*
低学年における多様な授業展開　*20*

実践編

第1学年　考え、議論する道徳科授業の新展開 ………… *27*

A　主として自分自身に関すること

ぽんたとかんた［善悪の判断、自律、自由と責任］　*28*
きんのおの［正直、誠実］　*32*
かぼちゃのつる［節度、節制］　*36*
どっちがえらい［個性の伸長］　*40*
がんばれポポ［希望と勇気、努力と強い意志］　*44*

B　主として人との関わりに関すること

はしの上のおおかみ［親切、思いやり］　*48*
きつねとぶどう［感謝］　*52*
たけしの電話［礼儀］　*56*
二わのことり［友情、信頼］　*60*

C 主として集団や社会との関わりに関すること

きいろいベンチ［規則の尊重］ **64**
およげないりすさん［公正、公平、社会正義］ **68**
森のゆうびんやさん［勤労、公共の精神］ **72**
おかあさんのつくったぼうし［家族愛、家庭生活の充実］ **76**
もうすぐ二ねんせい［よりよい学校生活、集団生活の充実］ **80**
ぎおんまつり［伝統と文化の尊重、国や郷土を愛する態度］ **84**
かえるのおり紙［国際理解、国際親善］ **88**

D 主として生命や自然、崇高なものとの関わりに関すること

ハムスターのあかちゃん［生命の尊さ］ **92**
赤いくさのめ［自然愛護］ **96**
七つのほし［感動、畏敬の念］ **100**

実践編

第2学年　考え、議論する道徳科授業の新展開 ……… 105

A 主として自分自身に関すること

おれたものさし［善悪の判断、自律、自由と責任］ **106**
お月さまとコロ［正直、誠実］ **110**
るっぺどうしたの［節度、節制］ **114**
まんががすき［個性の伸長］ **118**
小さなど力のつみかさね［希望と勇気、努力と強い意志］ **122**

B 主として人との関わりに関すること

ぐみの木と小鳥［親切、思いやり］ **126**
おかあさんのたんじょう日［感謝］ **130**
たびに出て［礼儀］ **134**
ゆっきとやっち［友情、信頼］ **138**

C 主として集団や社会との関わりに関すること

おじさんからの手紙［規則の尊重］ **142**

ゲーム［公正、公平、社会正義］　**146**
　　みんなのニュースがかり［勤労、公共の精神］　**150**
　　コスモスの花［家族愛、家庭生活の充実］　**154**
　　もんた先生大すき［よりよい学校生活、集団生活の充実］　**158**
　　ぎおんまつり［伝統と文化の尊重、国や郷土を愛する態度］　**162**
　　せかいのともだち［国際理解、国際親善］　**166**

D　主として生命や自然、崇高なものとの関わりに関すること

　　まりちゃんとあさがお［生命の尊さ］　**170**
　　虫が大すき［自然愛護］　**174**
　　しあわせの王子［感動、畏敬の念］　**178**

編著者・執筆者一覧　**182**

理論編 実践編

考え、議論する
道徳科授業を目指して

低学年における道徳科の特質

1 道徳科の目標

　道徳科の目標は、これまでの「道徳的価値の自覚及び自己の生き方についての考えを深め」ることについて、道徳的価値について自分との関わりで理解し、それに基づいて内省し、多面的・多角的に考えることなどの趣旨を明確化するため、「道徳的諸価値についての理解を基に、自己を見つめ、物事を多面的・多角的に考え、自己の生き方についての考えを深める」とした。また、育成を目指す資質・能力を明確にするために、道徳的実践力を道徳的な判断力、心情、実践意欲と態度として示した。
　今次の学習指導要領の改訂において明示された、道徳科において行うべき学習を具体的に解説する。

2 道徳科の特質

(1) 道徳的諸価値についての理解

　道徳授業は、ねらいとする一定の道徳的価値を中心に学習する。道徳的諸価値と示しているのは、年間の授業において、学習指導要領に示された内容項目に含まれる様々な道徳的価値について考える学習を展開するからである。様々な道徳的価値を理解する理由は、児童が将来、様々な問題場面に出合った際に、その状況に応じて自己の生き方を考え、主体的な判断に基づいて道徳的実践を行うことができるようにするためである。
　道徳的価値とは、我々がよりよく生きるために必要とされるものであり、人間としての在り方や生き方の礎となるものと考えられている。道徳的価値は例えば、「親切」「感謝」「正直」などがあり多様であるが、学校教育ではこれらのうち児童の発達の段階を考慮して、一人一人が道徳的価値観を形成する上で必要なものを内容項目として取り上げている。内容項目には必ず道徳的価値が含まれているが、内容項目により含まれる道徳的価値の数は異な

る。
　例えば、A「節度、節制」には、「健康、安全」「物持」「整理整頓」「節度」といった複数の道徳的価値が含まれているが、A「個性の伸長」に含まれている道徳的価値は、「個性伸長」だけである。このことから、低学年のA「節度、節制」を指導する場合には、指導を行う際には２主題で授業を展開するなどの工夫が必要になる。
　なお、今回の改善では、内容項目に「善悪の判断、自律、自由と責任」「親切、思いやり」「規則の尊重」「生命の尊さ」など、その内容を端的に表す言葉を以下のように付記している。中学校の内容に付記された文言は表現が異なっているものもあるので留意されたい。

（小学校）
A　主として自分自身に関すること
［善悪の判断、自律、自由と責任］［正直、誠実］［節度、節制］［個性の伸長］
［希望と勇気、努力と強い意志］［真理の探究］
B　主として人との関わりに関すること
［親切、思いやり］［感謝］［礼儀］［友情、信頼］［相互理解、寛容］
C　主として集団や社会との関わりに関すること
［規則の尊重］［公正、公平、社会正義］［勤労、公共の精神］［家族愛、家庭生活の充実］
［よりよい学校生活、集団生活の充実］［伝統と文化の尊重、国や郷土を愛する態度］［国際理解、国際親善］
D　主として生命や自然、崇高なものとの関わりに関すること
［生命の尊さ］［自然愛護］［感動、畏敬の念］［よりよく生きる喜び］

　道徳的価値を理解することは、児童が将来、様々な問題場面に出合った際に、その状況に応じて自己の生き方を考え、主体的な判断に基づいて道徳的実践を行う上で不可欠である。答えが１つではない問題に出合ったときに、その状況においてよりよい行為を選択できるようにするためには、多数の道徳的価値について単に一面的な決まりきった理解ではなく、多面的・多角的に理解しておくことが求められる
　具体的には、第１に、道徳的価値を人間としてよりよく生きる上で意義深いということ、大切なことであると理解することである。これを「価値理解」と言う。例えば、「よく考えて度を過ごさないように生活することは大切なことである」「相手の気持ちを考えて親切にすることは人間関係を良好に保つ上で必要なことである」などと理解することである。
　また、道徳的価値は人間としてよりよく生きる上で大切なことではあるが、それを実現することは容易なことではないといった理解も大切になる。これを「人間理解」と言う。
　具体的には、「自分自身が誠実に振る舞うことは大切であるが、ともすると自分の良心を偽ってしまうこともある」「公共の場所では周囲への配慮が必要であるが、つい自己中心的な考えで行動してしまうことがある」などと理解することである。
　さらに、道徳的価値を実現したり、あるいは実現できなかったりする場合の考え方や感じ方は、人によって異なる、また、状況によっては１つではないということの理解も求められる。これを「他者理解」と言う。

道徳的価値の意義や大切さといった価値理解と同時に人間理解や他者理解を深めていくようにすることが重要である。道徳科の授業において道徳的価値の理解を図ることは不可欠であるが、具体的にどのような理解を中心に学習を展開するのかは、授業者の意図によることは言うまでもない。学級の自立した人間として他者と共によりよく生きるための基盤となる道徳性を養うには、道徳的価値について理解する学習を欠くことはできない。

　なお、道徳的価値の意義やよさを観念的に理解させる学習に終始することは一面的な理解にとどまるとともに、ともすると道徳的価値に関わる特定の価値観の押し付けになることにもつながりかねないので留意しなければならない。

(2) 自己を見つめる

　道徳授業で最も大切なことは、児童が道徳的価値を自分との関わりで考えられるようにすることである。人間としてよりよく生きる上で大切な道徳的価値を観念的に理解するのではなく、自分事として考えたり感じたりすることが重要である。

　「自己」とは、客観的に自分自身を見たときの個と考えられることが多い。「自己を見つめる」ということは、自分自身を客観的な立場から見つめ、考えることと言える。つまり、外側から自分自身を見つめることである。この場合の自分自身とは、現在の自分のありのままの姿と同時に、現在の自分が形成されるに至ったこれまでの経験やそれに伴う考え方、感じ方なども包括している。道徳科の授業においては、一定の道徳的価値を視点として、自分自身の今までの経験やそれに伴う考え方、感じ方などを想起し、確認することを通して自分自身の現状を認識し、道徳的価値についての考えを深めることが大切である。

　こうした学習を通して、児童は、道徳的価値に関わる自らの考え方、感じ方を自覚し、自己理解を深めていくのである。このように、自分の現状を認識し、自らを振り返って成長を実感するなど自己理解を深めることは、児童自身がねらいとする道徳的価値を視点として、これからの課題や目標を見付けたりすることにつながる。

(3) 物事を多面的・多角的に考える

　「多面的・多角的に考える」ことは、新たに追記された文言である。はじめに、「多面的に考える」ことを考察する。

　よりよい人間関係を築くためには、互いに相手の立場や気持ちを考えて親切にしようとする態度で接することが大切である。低学年の段階では、幼い人や高齢者、友達など身近にいる人々に広く目を向けて、相手の気持ちを想像しながら、温かい心で親切にすることの大切さについて考えを深められるようにすることが必要であると言われている。

　誰に対しても親切にし、幼い人などに優しくすることについて考えさせるために作成された『はしの上のおおかみ』（文部省「小学校道徳の指導資料　第1集」第1学年　1964年）という読み物教材がある。この教材は、「わたしたちの道徳」にも掲載されている低学年の読み物教材の定番とも言える教材である。

山の中の谷川に一本橋がかかっていた。うさぎが橋を渡りかけると反対側からおおかみが渡ってきた。おおかみは、「こら、こら。」とうさぎをにらみつけ追い返す。おおかみは得意になって一本橋を渡った。おおかみは、この意地悪がおもしろくなり、毎日、用もないのに橋に出かけ、小さい動物たちを追い返していた。
　ある日、おおかみが橋を渡っていると、反対側から渡ってきた大きなくまと出くわしてしまう。おおかみは、あわててお じぎをして、他の動物たちが自分にしているように「わたしが戻ります」と言って戻ろうとする。すると、くまは「それにはおよばないよ。ほら、こうすればいいのさ。」と言って、おおかみを抱き上げると後ろへそっと降ろした。おおかみは橋の上で去っていくくまの後姿をいつまでもいつまでも見送っていた。
　次の日、おおかみは一本橋に出かけて橋の真ん中でうさぎに出会う。うさぎが戻ろうとすると、「それにはおよばないよ。ほら、こうすればいいのさ。」とくまの行為を真似て、うさぎを抱き上げて後ろへ降ろしてやった。おおかみは前よりもずっといい気持ちになるという内容である。
　前述のように、相手の立場や気持ちを考えて親切にすることは大切なことである。このように親切のよさや意義についての理解を深めることは必要なことである。しかし、ともすると相手が嫌がる意地悪をしてしまうこともある。親切な行為は大切ではあるが、ときに反対のことをしてしまうことを考えることも求められる。人間の弱さについても理解させなければならない。また、親切のよさや意義について考えを深める場合でも、親切にした相手の喜ぶ姿を見て親切のよさを感じるようにすることもあれば、親切にされたことによるうれしさから親切の素晴らしさを感じることもある。
　教材を通して、つい意地悪をしてしまうときの思いをうさぎを追い返すおおかみに託して考える。また、親切したときの思いをうさぎを抱き上げて後ろに降ろしてやったおおかみに自我関与して考える。あるいは、親切にされたときの思いをくまに抱き上げられたときのおおかみに託して考えるなど、親切を様々な面から考察し、親切についての理解を深められるよう、多面的に考えることが大切なのである。
　多面的に考えるとは、道徳的価値やそれに関わる事象を一面的ではなく様々な側面から考察するということである。
　次に「多角的に考える」ことについて吟味したい。わがままをしないで、規則正しい生活をすることについて考えさせる読み物教材に、『ぽんたとかんた』（文部科学省「小学校道徳読み物資料集」2011年）がある。
　たぬきのぽんたとかんたは、大の仲よしである。今日も下校後に公園で遊ぶ約束をしていた。ぽんたが公園に行くと、かんたは先に来ていて裏山で秘密基地を見つけたと言って、一緒に行こうと誘う。しかし、裏山には入ってはいけないと言われている。ぽんたはかんたを制するが、かんたは裏山に行ってしまう。1人になったぽんたは、じっと考える。そして、「ぼくは　いかないよ。だって　あぶないから。」と大きな声で叫ぶ。その声に驚いてかんたが戻ってくる。裏山は危ないから行かないとはっきり言ったぽんたに、かんたも行かないと

宣言する。その後、2人は仲よくブランコにゆられる。

　この場合は、入ってはいけないと言われていた裏山に入ることについて思慮深く行動することについて考えることが中心となることが予想されるが、仲よしの友達の誘いにどのように対応するのかという友達との関わりが問題になる。また、入ってはいけないという規則にどう対応するかということも考える必要がある。さらに、自分の思いを節制するということも大切になる。

　このように一定の道徳的価値について考えていく中で、異なる道徳的価値との関わりについて考えなければならないことも少なくない。一定の道徳的価値から関連する他の道徳的価値に広がりをもたせて考えるようにする多角的な理解も大切なのである。

　このように物事を多面的・多角的に考える学習を通して、児童一人一人は、価値理解と同時に人間理解や他者理解を深めたり、他の道徳的価値との関わりに気付いたりする。このような学習が、道徳的価値に関わる考え方や感じ方を深め、同時に自己理解をも深めることにつながっていくのである。

　道徳科においては、児童が道徳的価値の理解をもとに物事を多面的・多角的に考えることができるような授業を構想することが大切である。道徳的価値の理解は、道徳的価値自体を観念的に理解するような一面的なものではない。道徳的価値を含んだ事象を自分の経験やそれに伴う考え方、感じ方を通して、それらのよさや意義、困難さ、多様さ、他の道徳的価値とのつながりなどを理解することが重要になるのである。

(4)　自己の生き方についての考えを深める

　道徳授業の特質として第1に押さえるべきことは、児童が道徳的価値に関わる諸事象を自分との関わりで考えることである。児童が道徳的価値の理解を自分との関わりで図り、自己を見つめるなどの道徳的価値の自覚を深める学習を行っていれば、その過程で同時に自己の生き方についての考えを深めていることにつながる。道徳授業を構想するに当たっては、道徳的価値の理解を自分との関わりで深めたり、自分自身の体験やそれに伴う考え方や感じ方などを確かに想起したりすることができるようにするなど、特に自己の生き方についての考えを深めることを強く意識して指導することが重要である。

　授業構想に際しては、児童が道徳的価値の自覚を深めることを通して形成された道徳的価値観をもとに、自己の生き方についての考えを深めていくことができるような学習展開を工夫したい。自己の生き方についての考えを深めるためには、例えば、児童がねらいとする道徳的価値に関わる事象を自分自身の問題として受け止められるようにすることが考えられる。

　公開研究会で、第2学年の友情に関わる指導、『二わのことり』（文部省「小学校道徳の指導資料　第1集」第1学年　1965年）の授業を参観した。授業者は、教材提示を紙芝居を活用して行った。授業者が「これから紙芝居で『二わのことり』のお話をします」と言うと、児童から歓声が上がった。低学年の児童は紙芝居を視聴することが大好きである。始め

のうち児童は興奮気味であったが、授業者が紙芝居を読み進めると児童は『二わのことり』の世界に引き込まれていった。みそさざいがうぐいすの家に行った場面では、ある児童が「やまがらさんの家に行った方がいいよ」と思わずつぶやいた。授業者が「二わのことりは、心からお誕生日のお祝いをしました。」と紙芝居を読み終えると、教室には児童の大きな拍手が沸き起こった。

　教材提示の後に、友達との関わりを考えさせるために、授業者は主人公であるみそさざいの思いや考えを問うていった。授業者の発問に対して児童は、みそさざいと自分自身を重ね合わせて、友達への思いを自分事としてじっくりと考え、その思いを伸び伸びと発表し、交流し合う姿が見られた。

　この事例から言えることは、紙芝居を用いた臨場感のある教材提示が、児童がねらいとする道徳的価値に関わる事象を自分自身の問題として受け止められるようにする手立てになっていたということである。児童が教材の世界に浸ることによって、登場人物を身近に感じて、その思いや考えを自分事として考えずにはいられない構えが出来上がっていたのである。

　授業者自身が、児童が自分との関わりで考えられるような授業展開にしようという意図を明確にもつことで、児童が自己の生き方についての考えを深める学習を促すことにつながっていくのである。道徳授業では、児童にとって「自分事」の学習になることを期待したいところである。

(5)　道徳的な判断力、心情、実践意欲と態度を育てる

　道徳教育は、児童の道徳性を養う教育活動である。道徳性の様相は、道徳的な判断力、心情、実践意欲と態度である。道徳科の授業では、道徳性のいずれかの様相を育てることが目標になる。したがって、道徳科の授業のねらいには、授業者が養いたいと考えている道徳性の様相が含まれることになる。

　道徳授業の学習指導案のねらいに、「うそをついたりごまかしたりしないで、素直にのびのびと過ごせるようにする」、または「友達同士互いに理解し合い、助け合うことのよさに気付かせる」、あるいは、「働くことで社会に奉仕することの充実感を味わい、公共のために役立つことのよさを理解する」などと記されていることがある、これらのねらいからは授業者が育てたい道徳性が分からないため適切とは言えない。

　道徳授業のねらいは、道徳の内容と道徳性の様相を勘案した上で、1時間の授業の方向性が分かりやすく示されているものが望ましい。

　道徳性は、一朝一夕に養われるものではない。道徳授業を丹念に積み上げること、つまり、1時間、1時間の道徳授業を確実に行うことによって、徐々に、着実に道徳性が養われ、潜在的、持続的な作用を行為や人格に及ぼすようになるのである。学校の道徳教育の目標など長期的な展望と綿密な指導計画にもとづいた指導が道徳的実践につながることを再確認したいところである。

考え、議論する
道徳科授業の基本的な考え方

1 「考え、議論する道徳」に向けた授業改善

(1) 授業改善の基本的な考え方

　今次の学習指導要領改正に先立って示された中央教育審議会答申「道徳に係る教育課程の改善等について」では、道徳授業の課題として、道徳の時間の特質を生かした授業が行われていない場合があることが挙げられ、読み物の登場人物の心情理解のみに偏った形式的な指導があることや、発達の段階などを十分に踏まえず、児童に望ましいと思われる分かりきったことを言わせたり書かせたりする授業になっているなど多くの課題が指摘された。
　学習指導要領改正に際して授業については、答えが1つではない道徳的な課題を一人一人の児童が自分自身の問題と捉え、向き合う「考える道徳」「議論する道徳」へと転換を図ることが示された。
　児童が多様な教材を通して道徳的価値に関わる諸事象を自分の問題と受け止め、それを自分との関わりで考える主体的・対話的で深い学びが求められる。そして、自分の考え方、感じ方を明確にもち、友達の多様な考え方、感じ方と交流する話合い活動などの対話的な学習を通して、道徳的価値の自覚を深めるようにすることが求められる。
　なお、「議論する」ことは、互いの意見を戦わせるとする捉え方もあるが、これは討論であり議論の1つの形態に過ぎない。「議論」とは、ある問題について互いの考えを述べ合うこと、多様な考え方や感じ方に出合って自分の考え方、感じ方を深めることである。

(2) 指導観を明確にした授業構想

　「考え、議論する道徳」の実現のためには、教師が内容項目についての理解を深め、それにもとづいて児童のよさや課題を明らかにして、授業で何を考えさせたいのかその方針を焦点化する「明確な指導観」を確立することが何よりも重要である。指導観とは、次の3つの要素から成り立つ。これらの事柄は、学習指導案において「主題設定の理由」として示される。

① 価値観（ねらいとする道徳的価値について）

　1時間のねらいに即した授業を行うためには、授業者が、1時間で指導する道徳的価値を明確に理解し、自分なりの考え方をもつことが不可欠である。このことが、児童にねらいとする道徳的価値をどのように考えさせ、学ばせるかを方向付けることになる。

　この授業者の価値観は、学習指導案に「ねらいとする道徳的価値について」という表題で示されることから、当然、1時間の授業についての考え方であるが、同時に、授業者の教育活動全体で行う道徳教育の考え方を示すものである。

　具体的には、礼儀に関わる授業の学習指導案の「ねらいとする道徳的価値について」の箇所に、「…よい人間関係を築くには、まず、気持ちのよい応対ができなければならない。それは、さらに真心をもった態度と時と場をわきまえた態度へと深めていく必要がある。」などの記述があれば、これは本時の指導に対する授業者の基本的な考え方であると同時に、授業以外で礼儀に関わる指導を行う際の考え方でもあるということである。

② 児童観（児童の実態について）

　授業者がこれまでねらいとする道徳的価値に関わってどのような指導を行ってきたのか、その結果として児童にどのようなよさや課題が見られるのかを確認する。その上で、ねらいとする道徳的価値に関してどのようなことを考えさせたいのか、どのような学びをさせたいのかを明らかにする。これが、児童観であり、授業の中心的な学習につながるものである。

③ 教材観（教材について）

　1時間の授業で教材をどのように活用するのかは、年間指導計画における展開の大要などに示されている。しかし、授業者のねらいとする道徳的価値に関わる考え方（価値観）や児童のねらいとする道徳的価値に関わるこれまでの学びと、そこで養われた道徳性の状況にもとづいて、この授業で児童に考えさせたいこと、学ばせたいこと（児童観）をもとに、教材活用の方向性を再確認することが大切なことである。

2 道徳科における主体的・対話的で深い学び

　児童が人間としてよりよく生きるために、道徳的諸価値についての理解を深め、将来出合うであろう様々な場面、状況において何が正しいのか、この状況で行うべきことは何か、自分ができることは何かを考えられるようにすることが大切である。そのことが、道徳的価値を実現するために主体的に行為を選択し、実践しようとする資質・能力を身に付けていくことにつながる。

　そのために、道徳的価値の自覚を深める過程で児童が、道徳的価値を自分事として主体的に学ぶことの意味と道徳的価値に関わる自分の考え方や感じ方を結び付けたり、様々な対話

を通じて多様な考え方、感じ方に出合って考えを深めたり広げたりすることが重要になる。
　また、深めたり広げたりした道徳的価値に関わる考え方や感じ方をもとに、自己の生き方についての考えを深めようとする、学びの深まりも重要になる。このように、児童は、主体的、対話的に、深く学んでいくことによって、道徳的価値を自分の人生や他者や社会との関わりと結び付けて深く理解したり、自立した人間として他者と共によりよく生きるための基盤となる道徳性を自ら養ったりできるようになる。

3 道徳科における「主体的な学び」とは

　授業とは、知識や技能などの学問を授けることと言われている。授業を構想する際には、どのような知識や技能などを、どのように学ばせるのかを明確にすることが求められる。授業は、授業者である教師が主となって指導するものである。授業者である教師が、学習者である児童に考えさせるべきことや身に付けさせるべきことを明確にして授業を構想しなければならない。
　このように授業を主導するのは教師であるが、授業の中で行われる学習は児童が主体的に行うことが求められる。児童の主体性のない学びは、児童が知識や技能などを獲得する必然性を感じられなかったり、十分な切実感をもてなかったりするために、学習効果が得られにくい状況に陥ってしまうからである。児童は教師が設定した問題を自分の問題として切実感をもって捉え、その追究や解決を必然性をもって行うことによって、知識や技能などを効果的に獲得することが期待できる。
　道徳科の授業では、児童が学習対象としての道徳的価値を自分との関わりで理解し、道徳的価値を視点に自己を見つめ、自己の生き方についての考えを深めることで、道徳性を養うことが求められるのである。道徳科における主体的な学びとは、児童が自分自身と向き合い、道徳的価値やそれに関わる諸事象を自分事として考えることと言うことができる。

4 道徳科における「対話的な学び」とは

　道徳的価値の理解は、道徳的価値やそれを実現することのよさや難しさ、それに関わる多様な考え方、感じ方を理解することである。こうした理解を観念的ではなく、自分との関わりで実感を伴って行うことが重要である。
　例えば、相手の立場や気持ちを考えて親切にすることのよさを理解するためには、児童自身が親切という道徳的価値についての価値観、つまり親切についてどのような考え方、感じ方をしているのかを認識することが求められる。親切の意義やよさの受け止め方は、児童のこれまでの経験によって多様である。

ある児童は、自分が親切にされたときの温かさ、うれしさから親切のよさを認識していることが考えられる。また、ある児童は、自分が電車に乗っていたときに高齢者に席を譲ったことで謝意を受けた喜びから親切のよさを認識していることも考えられる。
　親切のよさや意義を理解するためには、まずもって親切という道徳的価値が自分と関わりがあるという認識をもつことが重要になる。このことが自分の意志で親切について考えようとする主体的な学びの基盤となるのである。そして、自分自身の道徳的価値に対する考え方、感じ方を吟味して、道徳的価値のよさや意義についての考えや自分自身の思いや課題を広げたり深めたりすることで、自己の生き方を深めるようにすることが求められる。
　道徳的価値に対する考え方、感じ方を吟味する際には、道徳的価値やそれを含んだ事象を一面的に捉えるのではなく、多面的・多角的に考えることが大切である。つまり、自分の考え方、感じ方の他にも、多様な感じ方、考え方があることを知り、それらと自分の考え方、感じ方を比較したり、検討したりすることによって、道徳的価値についての自分の考え方、感じ方のよさや課題を把握することができる。そして、このことが人間として生き方についての考えを深めることにつながるとともに、よりよく生きようとする意欲や態度を形成することになる。
　このような深い学びに必要なことは、多様な考え方、感じ方に出合うことであり、そのために対話的な学びが必要になるのである。

(1)　道徳科における対話的な学びの実際

　道徳科においては、児童が多様な考え方、感じ方に接する中で、考えを深め、判断し、表現する力などを育むことができるよう、道徳的価値に関わる自分の考え方、感じ方をもとに話し合ったり書いたりするなどの言語活動を充実することが求められている。
　対話とは、互いに向かい合って話し合うことで、2人で行う会話を指す場合に用いられることが多いが、複数の人物間の思考の交流やそれによって問題を追究していく形式といった考え方もある。
　道徳科の授業においては、先述の通り、道徳的自覚を深めるために多様な考え方、感じ方に出合うことが肝要であり、そのために自分自身の考え方、感じ方を交流することが不可欠となる。
　道徳の特別の教科化を進めるに当たって、「考え、議論する道徳」の追究が掲げられたが、道徳の時間でもそうであったように道徳科においてもまさに「議論」することが大切なのである。繰り返しになるが、「議論」については、互いに意見を戦わせるとする捉え方もあるが、これは討論であり、議論の1つの形態に過ぎない。「議論」とは、ある問題について互いの考えを述べ合うことであり、多様な考え方や感じ方に出合って自分の考え方、感じ方を深めることなのである。

⑵　対話の対象

　次に、対話的な学びにおける対話の対象について考えてみたい。授業の重要な特質は児童同士が学び合う集団思考を行うことである。児童が対話的な学びをどのようにするかと言えば、それは児童同士、あるいは児童と教師で行うことが基本となる。

　一方、道徳科では、指導の意図に応じて授業において家庭や地域の人々、または各分野の専門家などの積極的な参加や協力を得ることが求められている。いわゆるゲストティーチャーが参加する授業が行われることも少なくない。この場合は、児童とゲストティーチャーとの対話ということも考えられる。

　さらに、道徳的価値の自覚を深めるために活用する教材に登場する偉人や先人などの人物との対話も考えられる。児童がそれらの人物と向き合い、自分の思いを問いかけていく。当然ながらそれらの人物からの答えはない。しかし、児童は自分の問いかけに対して、偉人や先人はどのように答えるだろうかと考え、その答えを想像するのである。形の上では児童の自問自答ということになるが、それらの人物に真剣に向き合い、道徳的価値に関わる問題を追究しようとすることからこうした学びも対話的な学びと捉えることができるであろう。

⑶　多様な話合いの工夫

　議論には様々な形態がある。先述のように意見を戦わせ可否得失を論じ合う討論という形がある。また、ある問題について2人で話し合う対談・ペアトーク、小集団で問題について話し合うグループトーク、多数で問題を考え合う集団討議などが挙げられる。これらは、学校教育における学習で活用する対話的な学びと言うことができるだろう。

　小学校の段階では、議論を多様な形態による話合いとして捉え、授業者の指導の意図にもとづいて適宜活用することが期待されている。

①　話合いの特質

　話合いは、昭和33（1958）年に道徳授業として道徳の時間が学習指導要領に位置付けられて以来、重要な指導方法として指導書や解説に示されてきた。

　道徳授業における話合いとは、一定の道徳的価値について児童相互に話合いをさせることを中心とする指導の方法とされてきた。この指導方法は、話すことと聞くことが並行して行われるので、道徳的な問題を介して道徳的価値についての理解を深め、自他の考え方、感じ方を比較、検討する中で、自分の考え方、感じ方のよさや課題に気付くことができる。このことから、道徳的な思考を確かなものにする上で効果があるとされてきた。

　話合いを展開していくときには、教師の発問や助言が児童の学習活動を方向付ける要因となる。そのため、道徳的価値に関わる児童の実態をもとに、児童に考えさせるべきことを明確にするとともに、児童の発達の段階や経験に即した用語や内容を考慮することが大切になる。児童が何を考え、何を目指して話し合うのかが理解できるようにすることが必要である。したがって、教師の発問や助言が極めて重要になる。一人一人の児童の発言を大切に

し、問い返しなどを行うことにより児童の考え方、感じ方を深めるようにすることが求められるのである。

また、話合いを深めていくためには、教師が、児童の発言の根拠や背景を探っていくことが大切になるが、児童同士が互いに考えをよく聞き合い、授業でねらいとする道徳的価値を自分の問題として受け止め、これまでの自分の経験などをもとに十分に考えた上で発言するように指導することも必要となる。

話合いに当たっては、授業者が児童の実態などにもとづいて、ねらいとする道徳的価値について何をどのように考えさせるのかを明確にして、読み物教材や視聴覚教材などの内容から話題を設定したり、日常生活の具体的な問題、社会生活における時事的な問題などの内容を話題としたりすることが考えられる。その際、それらの話題が学級の児童の共通の話題となるようにすることが大切である。また、児童が自分事として考えたくなるような事柄を取り上げるようにすることなどの配慮が求められる。

② 話合いの態様

話合いの態様は、授業者がどのような目的で話合いをさせたいのか、どのような内容について話し合わせたいのかによって異なる。

例えば、道徳的価値に関わる自分の考え方、感じ方を明確に表明し合い、互いの考え方、感じ方を比較させることにより、そのよさや課題を明確にさせようとする意図であれば、2人で話し合うペアトークを活用することが考えられるであろう。また、道徳的価値に関わる複数の考え方、感じ方と自分の考え方、感じ方を比較、検討することで考えを深めようとする意図であれば、小集団によるグループトークが考えられる。あるいは、道徳的価値に関わる考え方、感じ方の多様性について考えさせようとする意図であったり、1つの問題を大勢で追究しようとする意図であったりする場合には、学級全体での話合いが適当ということになる。

このように、対話的な学びとして話合いを行う場合には、授業者の明確な指導観にもとづく綿密な授業構想が不可欠になるのである。

③ 話合いを行う際の留意点

道徳科の授業においてどのような指導方法を工夫したとしても、学習においては教師対児童、児童相互の対話的な学びである話合いが行われるであろう。話合いには決まった形があるということではない。授業者が道徳的価値の理解をもとに自己を見つめ、物事を多面的・多角的に考え、自己の生き方についての考えを深めるためにどのように話合いを行うことが必要なのか、明確な指導観をもつことが求められる。話合いを取り入れる際は、次のような事項に留意する必要がある。

㋐ 話合いの目的を明確にする

授業者は、児童に何のために話合いをするのか、その目的を明確に示すことが大切であ

る。児童が道徳的価値に関わる諸事象を自分事として主体的に考えられるようにするためには、児童自身が学習することへの切実感と学習に対する見通しをもてるようにすることが肝要である。

　例えば「自分の考えをしっかりと伝えるために、隣の友達と話し合ってみましょう」「自分の考えと友達の考えを比べるために、グループで話し合ってみましょう」などと対話的な学びの目的を明確に示すことで、児童の学びはより深いものになっていく。

㋑　児童の主体性を促す

　授業者が特定の児童との対話を繰り返すことで、他の児童が傍観者となってしまっている様子を見ることがある。授業者と特定の児童との対話であっても、周囲の児童がただそれを見ているだけ、あるいは、聞いているだけでよいというものではない。「もしも自分が授業者と対話をしていたとすればどのように考えるだろうか」という意識をもって対話を見聞することが必要である。

　授業者は「これから私はAさんと対話をします。みなさんはもし自分がAさんだったらどう答えるかを考えながら聞きましょう」などと指示を出すことが大切となる。特定の児童との対話の後に、他の児童からの意見や感想を取り上げるなどして対話的な学びを深めるようにしたい。

㋒　話題を吟味し明確にする

　話合いの話題は、教師が提示することが大切である。道徳科の授業において児童に考えさせることは、指導内容や児童の実態などをもとに教師が決めるものである。このことは教師の恣意的な指導を意味しているのではない。児童の実態をもとにねらいとする道徳的価値についてどのように考えさせる必要があるのかを明確にしなければならない。授業というものは教師主導で行うものである。しかし、授業の中で行われる学習は児童が主体でなければならない。道徳科の学習は、一人一人の児童が道徳的価値についての考え方や感じ方を深めるなど、道徳的価値の自覚を深めることが求められるのである。自覚は他者からさせられるものではなく、自分自身でするものである。児童がねらいとする道徳的価値に関わる自分の考え方、感じ方を想起し、教師や友達などとの対話的な学びを通して、それらを深めていくことが重要となる。

④　話合いを適切に調整する

　話合い自体が優れたものであっても、本時のねらいとする道徳的価値から逸脱したものであっては、望ましいものとは言えない。授業者は、話合いの目的を児童に明確に伝えるとともに、必要に応じて適切な助言を行い、話合いの方向性を修正するなど、対話的な学びを促すようにすることが大切である。

⑤　個々の価値観を大切にする

　小集団による児童相互の話合いで重要なことは、一致した結論に到達する合意形成を目指

すものではなく、小集団という親密な関係の中で行われる対話的な学びを通して、一人一人の児童が自分自身の考え方、感じ方をより深い確かなものにしていくということである。

　以上、道徳科の基本的な考え方をもとに、道徳科における対話的な学びについて述べたが、児童が他者とともによりよく生きることができるようにするためには、他者との考え方、感じ方の交流が大切であり、対話が重視されなければならない。そのためには、他者の思いに寄り添い、それを尊重しようとする姿勢が求められる。道徳科における対話的な学びの根底には、こうした姿勢が不可欠である。道徳科の授業はもとより、日頃から児童が他者を尊重し、温かな人間関係を構築できるように指導することが肝要である。

5　道徳科における「深い学び」とは

　児童が自らの意志でねらいとする道徳的価値を視点に自分自身と向き合い、自分の考え方、感じ方を明らかにし、その上で、教師や友達などとの対話や協働を通して考え方、感じ方の多様性に気付く。道徳的価値やそれに関わる諸事象を多面的・多角的に考えることで自分自身の考え方、感じ方を深めることが、道徳的価値に関わる思いや課題を培うことにつながる。児童自身が「自分はこうありたい、そのためにはこのような思いを大切にしたい、このような課題を解決したい」などの願いをもてるようにする学びが深い学びである。

　主体的・対話的な学びを深い学びにつなげるためには、道徳科の目標に示されている通り、自己を見つめ、自己の生き方についての考えを深める学習を行うことである。児童は道徳的価値の理解を実感をもって行うことで自己を見つめたり、自己の生き方を考えたりする学習を行っていると言える。このような学習をより確かなものにするためには、道徳的価値を視点に自分自身の具体的な経験やそれに伴う考え方、感じ方を想起し、道徳的価値に関わるよさや課題を把握することができるような学習を設定することが求められる。このことで一連の学習が深い学びにつながるのである。

■よりよい授業を構想するために

　道徳授業は児童が将来に生きて働く内面的な資質である道徳性を養うものである。そのために、道徳的価値についての理解をもとに、自己を見つめ、物事を多面的・多角的に考え、自己の生き力についての考えを深める学習を行うものである。

　学習指導案を構想した際には、改めて学習指導過程の中にこうした学習が位置付いているか否かを確認したい。また、児童自身が考え方、感じ方を明確にし、今後の生き方につなげることができる学習になっているか否かを、常に確かめながら授業改善を図ることか大切である。

低学年における多様な授業展開

1 登場人物への自我関与を中心とした学習の工夫

　道徳科における重要な学習として、道徳的価値の理解がある。道徳的価値の理解は、道徳的価値のよさや大切さを観念的に理解することではない。児童が道徳的価値を実感を伴って理解できるようにすることが必要である。実感とは、児童自身が実際に道徳的価値に接したときに受ける感じであり、児童自身が道徳的価値やそれに関わる事象を自分事として考えることが重要である。道徳授業におけるこうした考え方は不易と言える。道徳の教科化に際して、「道徳授業では、自分だったらと問うたらどうだろうか」という意見があったが、こうした意見は道徳授業の特質を理解した上での意見とは言えない。道徳授業での思考は、常に「自分だったら」ということが基本となるからである。

(1)　道徳科で教材を活用する理由
①　焦点化した集団思考を促す
　児童が道徳的価値を自分との関わりで理解する場合には、一人一人の児童自身の経験をもとに考えさせることが極めて有効である。しかし、例えば学級に30人の児童が在籍していれば、道徳的価値に関わる児童の経験は、少なくとも30通りあるということになる。そして、それらの1つ1つの経験には、それぞれ様々な考え方、感じ方に根差している。
　例えば、親切に関わる経験として、「電車の中で高齢者に席を譲る」「バスの中で乳児を抱いた母親に席を譲る」「両手に荷物を持っている人のために扉を開ける」など、児童によって多様である。また、そうした親切な行為の背景も「ゆっくりしてほしい」「赤ちゃんが心配」「荷物が重そう」など多様である。これらの経験やそのときの感じ方や考え方について、45分の授業の中で1つ1つ取り上げて学習を展開することは容易ではない。
　そこで、児童がねらいとする道徳的価値の理解を、自分との関わりで行い、多様に考えを深め、学び合えるような共通の素材をもとに学習を展開する。特に、授業の特質の集団思考を促すためには、1時間のねらいとする道徳的価値に関わる問題や状況が含まれている共通の素材として教材を活用することが有効である。

② 児童が伸び伸びと考えられるようにする

　読み物教材の登場人物に自我関与するということは、登場人物がおかれた状況で、「もしも自分だったらどうか」と自分事として考えるということである。

　低学年の節度、節制の実践例をもとに考えたい。授業者は、児童が人の注意を素直に聞き、わがままを抑えることの大切さに気付き、自分も周りの人も互いに気持ちよく過ごせるようにしたいと考えた。これが授業者の価値観である。そして、日頃の道徳教育の結果、児童は様々な場面でかなり自分の欲求を押さえることができるようになっているが、ともすると自己中心的な考えでわがままに振る舞って失敗してしまうことがある。このような実態から、授業者は、周りからの注意を素直に受け入れ、節度ある生活をしようとする態度を育てるために、わがままをして失敗したときの考え方、感じ方を想起させたいと考えた。これが児童観である。この児童観にもとづき、低学年の読み物教材に『かぼちゃのつる』（文部省「小学校　道徳の指導資料　第3集」第1学年　昭和41（1966）年）を活用した。

　授業者の児童観は、わがままをして失敗したときの考え方、感じ方を想起しながら節度ある生活について考えさせることであり、授業の中心は児童がつるを荷車にひかれて泣いているかぼちゃに自我関与して、その考え方、感じ方を自分の体験などから類推する学習が中心となる。そこで、授業者は中心発問を「車につるをひかれたとき、かぼちゃはどんなことを考えたか」と設定した。

　この中心発問による学習を充実させるために、授業者は2つの問いを考えた。1つは、自分がわがまま放題しているときの気持ち、もう1つは、自分のわがままを注意されたときの考えである。児童に、これらのことを考えさせるための発問を中心発問の前に設定した。
○自分がわがまま放題しているときの気持ち
　➡つるをぐんぐん伸ばしているとき、かぼちゃはどんな気持ちだったか。
○自分のわがままを注意されたときの考え
　➡みつばちやちょうに注意されたとき、かぼちゃはどんなことを考えたか。

　これらの問いで児童に考えさせたいことは、自分がわがまま放題しているときの気持ち、自分のわがままを注意されたときの考えであり、教材の中のかぼちゃの気持ちや考えではない。登場人物の気持ちや考えを知るためには、教材に書かれている叙述に即して言葉を吟味していくことが必要になるが、こうした学習は道徳科で行う学習ではない。

(2)　「自分だったらどうか」と問うことについて

　道徳科の学習は、ねらいとする道徳的価値に関わることを児童が自分事として考えていく学習を行う。そうであれば、「つるをぐんぐんのばしているとき、かぼちゃはどんな気持ちだったか」などと問わないで、「自分だったら、わがままをしているときはどんな気持ちか」と問うた方がよいのではないかという意見がある。例えば、1年生の児童に「あなたはわがままをしているときはどんな気持ちですか」と問うたとしたら、どのような反応があるだろうか。1年生の児童はその発達的特質からよい子願望があり、周囲から認められたい、褒められたいという思いが強いという傾向がある。おそらく、児童は「ぼくはわがままをしません」「わたしもしません」といった反応が多く出されるであろう。

「もしもあなただったら」と直接的に問われたことで、「本当はこう思うけどちょっと言えないな」「この場合は、どのように答えればよいのだろうか」という思いで学習が展開したとすれば、児童はねらいとする道徳的価値に真正面から向き合い、自分事として伸び伸びと考えることができるだろうか。望ましいと思われること、決まりきったことの表明に終始する授業になることが懸念されるのである。
　「つるをぐんぐんのばしているとき、かぼちゃはどんな気持ちだったかな」と問われた1年生の児童は、「つるをぐんぐんのはしているなんて、わがままなかぼちゃだなあ。わがままをしているときって一体どんな気持ちかな」と考えるだろう。児童がわがままをしているときの思いを考える拠り所は、これまでの児童自身の体験やそれに伴う考え方や感じ方なのである。つまり、児童は自ずと自分事として考えることになる。道徳授業の問いというものは、全てが自分だったらということが大前提なのである。児童は、登場人物に託して考えられることで自分の考えや思いを誰にはばかることなく主体的に表明できるのである。これは、以下に示す、問題解決的な学習や道徳的行為に関する体験的な学習においても基盤となることである。道徳科の授業改善を行う際には、このことをしっかりと押さえる必要がある。

2 問題解決的な学習の工夫

(1) 道徳科における問題解決的な学習の基本的な考え方
　道徳的価値の自覚を深める道徳科の授業を考えたときに、児童自身が積み上げてきた道徳的価値に関わる学びやそれによって深められた道徳的価値に関わる考え方、感じ方を生かした問題解決的な学習は指導法の1つの選択肢となり得る。
　道徳科における問題は、単なる日常生活の諸事象ではない。道徳的価値に根差した問題である。問題解決的な学習は、児童が問題意識をもって学習に臨み、ねらいとする道徳的価値を追究し、多様な考え方、感じ方をもとに学べるようにするために行うものである。そのためには、教師と児童、児童同士が十分に話合いをするなどの対話的な学びが大切になる。
　問題解決的な学習を展開する上で、最も大切なことは、何を問題にするかということである。問題解決的な学習の問題は授業者としての教師が考えるものである。授業において、指導内容や児童の既習事項、よさや課題などを勘案して何を考えさせたいか決めるのは教師である。児童中心と言いながら、教材文を提示した後に、「さあ、みなさん、教材文を読んでどんなことを話し合いたいですか」と問う教師がいる。「ぼくはここ」「私はここ」と児童に発言させながら、「いろいろと出てきましたが、今日はここについて話し合っていきましょう」と、あらかじめ問題にしたいと思っていたことを提示する授業を散見する。
　児童が主体的に学ぶというのはこのようなことではない。道徳科においては、「児童がいかに自分自身と向き合うか」「道徳的価値やそれに関わる事象を自分事として考えるか」ということである。
　他の教科のように何時間もかけた単元構成であれば、問題設定に時間をかけたり、学習の複線化を図ったりすることはできるが、道徳科の授業では教師が考えさせることをしっかり

と設定することが重要である。そして、児童が自分の体験やそれに伴う考え方や感じ方をもとに自分なりの考えをもち、友達との話合いを通して道徳的価値のよさや難しさを確かめ、自分なりの答えを導き出すようにする、これが道徳における問題解決的な学習である。問題解決的な学習は道徳性を養う道徳科の指導方法の1つであり、指導方法が目的化してしまうと、教科の本質が失われる。教師の明確な指導観が何よりも大切である。

(2) 問題解決的な学習の具体的な展開

道徳科における問題解決的な学習の事例を、中学年の「規則の尊重」の指導をもとに示す。活用する教材は、「文部省　道徳の指導資料とその利用（1975年）」に掲載されている『きいろいベンチ』である。この教材は「わたしたちの道徳」（第1・2学年）にも取り上げられている。

① 問題の設定（何を問題にするのか）

道徳科の授業を問題解決的な学習で展開する場合、最も重要になることは何を問題にするかということである。本事例の内容は、C「規則の尊重」の第1学年及び第2学年「約束やきまりを守り、みんなが使う物を大切にすること。」である。授業者は、「規則の尊重」について、周囲のことを考えて、みんなで使う物や場所を大切にできるように努めることが重要であると捉え、公徳のよさを感得できるように指導したいと考えていた。これが授業者の価値観である。

この考え方で、学校の教育活動全体で行う道徳教育として生活科、体育科、学校行事などで公徳について指導を重ねた結果、児童は、みんなで使う物や場所を大切にしなければならないことを理解できるようになってきた。一方で、自分の都合を優先して公徳を大切にできない様子も見られた。これらの実態をもとに、授業者は、公徳を実現することの意義を考えさせたいとという児童観にもとづき、「まわりの人にめいわくをかけてしまうとどんなきもちになるだろう」という問題を設定した。

問題解決的な学習では、授業者が児童に考えさせたいことが問題になる。問題解決的な学習で最も大切なことは問題である。それは、指導内容や児童の実態ら考えさせなければならない必然性があるものだからである。

② 問題の追究（どのように問題解決を図るか）

問題を解決するための素材となるものは、児童自身が積み上げてきた公徳に関わる学びやそれによって深められた考え方、感じ方である。そして、授業の特質である集団思考を促すために、児童一人一人の公徳に関わる考え方、感じ方を共通の土俵に乗せるために教材『きいろいベンチ』を活用する。一人一人の児童が学習問題を自分事として考え、登場人物に自我関与を深めながら、自分なりの答えを追究してくことが重要である。

(3) 問題解決的な学習の配慮事項

問題解決的な学習は、単なる日常生活の諸事象ではない。ねらいとする道徳的価値に根差

した問題を追究する。そして、問題を児童が自分の体験やそれに伴う考え方、感じ方をもとに、自分なりの考えをもって、そして友達と話し合う対話的な学びを通して、ねらいとする道徳的価値のよさや難しさなどを確かめていく。このときに大事なことは、「授業者の問い」である。何を考えさせるのかを明確にしなければならない。

　道徳科における問題解決的な学習は、児童の考えを１つにまとめて、「こうですね」というように押し付けるのではなくて、児童一人一人が問題に対する答えを見付けていくような学習である。「今日は、『きいろいベンチ』のお話で周りの人に迷惑をかけてしまったときの気持ちを考えてきましたが、みなさん一人一人は自分が迷惑をかけてしまったときどんな気持ちだったでしょうか。」というように、児童一人一人に返していくことが大切になる。道徳科における問題解決的な学習の問題には、「あなたにとって」という枕言葉が必須なのである。他の教科の問題は、答えが１つの方向に定まっていることが多いため、「あなたにとって」や「わたしにとって」ということは考えにくい。道徳科は考える方向性は同じであるが、答えを何か１つの方向にまとめていくということではなく、そこから「自分はどうだったのだろうか」と児童一人一人に返していくことが大事なのである。

　道徳科における問題解決的な学習は、「こうすればよい」という決まった形はない。授業者が指導内容や児童の実態から何を問題にし、児童がそれを自分の問題として捉え、自分事として考え、自分なりの答えを見付け出すことが重要である。

3　道徳的行為に関する体験的な学習

(1) 体験的な活動の基本的な考え方

　道徳的行為に関する体験的な学習は、例えば、実際に挨拶や丁寧な言葉遣いなど具体的な道徳的行為をした上で礼儀のよさや作法の難しさなどを考えたり、相手に思いやりのある言葉をかけたり、手助けをして親切についての考えを深めたりするなどの活動である。

　また、読み物教材の登場人物等の言動を即興的に演じて考える役割演技などを取り入れた学習などもこれに当たる。これらの学習は、単に体験や活動そのものを目的とするのではない。体験や活動を通じて、道徳的価値を実現することのよさや難しさを考えられるようにすることが重要である。

(2) 道徳科における体験的な表現活動

　道徳科で、道徳的価値の自覚を深める学習を行う過程で、児童はねらいとする道徳的価値に関わる考え方、感じ方を表現し合う。児童が自分の考え方、感じ方を表現する活動としては、発表したり書いたりする方法が広く行われているが、児童に教材中の登場人物の動きやせりふを模擬、模倣させて理解を深める工夫や児童に特定の役割を与えて即興的に演技する工夫などを試みている授業も多く見受けられる。表現活動の工夫としては、劇化や動作化、役割演技などが考えられる。

① 劇化

　劇化は、一般に小説や事件などを劇の形に変えることである。道徳科では、登場人物のねらいとする道徳的価値に関わる行為を含んだ読み物教材が広く用いられている。道徳科における劇化は教材の内容を劇の形に変えるもので、児童が道徳的価値を自分事として考えられるように、教材の内容や考えさせたい場面、状況を把握できるようにしたり、ねらいとする道徳的価値のよさやその実現の難しさなどを理解できるようにするために教材中の考えさせたい場面、状況を再現させたりすることを意図して行う。

② 動作化

　動作化は、教材中の登場人物の動作を模擬、模倣したり、それを反復したりすることである。動作化を行うことで、児童が登場人物になりきって、その考え方、感じ方などを自分事として考えることをねらいとしている。

　例えば、『二わのことり』（文部省「道徳の指導資料第2集」第1学年1965年）を活用して、児童がみそさざいややまがらの気持ちを自分事として考える学習を行うに当たって、教材提示の前後に、「今日のお話には鳥が出てきますよ。今日は、鳥の気持ちを考えます。さあ、みなさん、鳥になったつもりで羽ばたいてみましょう。」と投げかけ、羽ばたく動作を反復させる。

　劇化や動作化についても、授業者が明確な意図をもって活用することが何よりも大切である。それと同時に、児童に演技や動作をさせる際には、演技や動作をする目的を児童に明確に示すことが必要になる。

③ 役割演技

　役割演技は、児童が道徳的価値の理解をもとに自己を見つめるなど、道徳的価値の自覚を深めるために、教材の登場人物などに自我関与して即興的に演じることである。このことで、児童がその人物などが対人的に、あるいは対集団的にどのような関わりがあるのかを自らの経験などをもとに認識し、問題解決に向かって考えようとする意欲や態度が養われる。そして、児童が道徳的価値について自分事として考え、話合いなどの対話的な学びにより多様な考え方、感じ方に出合うことになる。こうした学習が児童の1つの体験として生かされ、将来出合うであろう様々な場面・状況において、望ましい人間関係の調整発展、集団への寄与などの道徳的実践となって表れることが期待できると考えられる。

　道徳科で役割演技を活用するねらいは、道徳的価値について理解したり、児童が自分との関わりで道徳的価値を捉え自己理解を深めたりすることである。そのために、児童に条件設定を行い、役割もたせて即興的に演技させたり、ねらいとする道徳的価値を自分の経験などをもとに考えたりする役割演技は有効である。また、演技後の話合いで道徳的価値の理解を深めることなど、道徳科の有効な指導方法と言える。役割演技を効果的に行うためには、授業者が役割演技の意義や特質をよく理解して、自らの指導観を明確にした上で活用することが重要である。

理論編　実践編

第1学年

考え、議論する
道徳科授業の新展開

主　題	内容項目	主として自分自身に関すること

よいと思うことはすすんで　A 善悪の判断、自律、自由と責任

第1学年

ぽんたとかんた

教出②　日文②
廣あ
※②：第2学年掲載

出典　文部科学省「小学校　道徳読み物資料集」
　　　文部科学省「わたしたちの道徳　小学校1・2年」

1　ねらい

よいことと悪いことの区別をし、よいと思うことを進んで行う態度を育てる。

2　主題設定の理由（指導観）

●ねらいとする道徳的価値（価値観）

人は、普段はだめだと判断できることでも、できなくなってしまうことがある。人として行ってよいこととそうでないことを区別したり、行動に移したりしようとする態度を養いたい。そして、それらを行動に表すことができたときのすがすがしい気持ちを味わうことができるようにしたい。

●児童の実態（児童観）

この時期の児童は、友達がいけないことをしたときには、自分で善悪を判断し、進んで注意をすることができるようになっている。しかし、楽しそうなことがあるとそちらに流されてしまうことがある。この教材を通して、親しい友達からの誘い、楽しそうな誘いであっても、自律的に判断することの大切さを考えたい。

3　教材について（教材観）

●教材の概要

大の仲よしの「ぽんた」と「かんた」は、放課後に遊ぶ約束をしている。ぽんたが公園に行くと、かんたから「公園の裏山に秘密基地を見付けたので2人で行こう」と誘われる。ぽんたは、「裏山に入っては行けないと言われている」と止めたが、かんたは行ってしまう。

1人になったぽんたは考える。「ぼくも遊びたい。でも…」。しばらくしてぽんたは、大きな声で「ぼくは行かないよ」と告げる。その声の大きさや様子に驚いたかんたは、だまって考え、そしてきっぱりと「ぼくも行かない。自分で考えて決めた」とぽんたに言う。

●教材活用の視点

ぽんたは、仲よしのかんたの誘いを断る。そこには、自分で自律的に善悪の判断を行い、行動に表したぽんたの心の強さが伺える。本時は、ぽんたの心情に迫るため、役割演技や動作化を位置付け、ぽんたを自分事として捉え、考えられるようにしていきたい。

4　指導のポイント

ここでは、「登場人物への自我関与」を大切にしたい。そのため、役割演技や動作化を通して自分との関わりで主人公の「ぽんた」の気持ちを考えられるようにする。

学習指導過程

	学習内容	指導上の留意点
導入	1　主人公や場面を補説し、ねらいとする道徳的価値への方向付けをする ○こんなところを見たら、みんなはなんて言うかな。 ○主人公は「ぽんた」だよ。大のなかよしの「かんた」と一緒に遊ぼうとしているよ。	・善悪の判断について方向付けをするために、廊下を走っている絵などを提示し、「こんな様子を見たら、みんなはどうする」と問いかける。
展開	2　登場人物を通して自己の生き方について考えを深める ○ぽんたは「えらいな」と思ったところはありますか。 ・かんたが裏山に行ったのについて行かなかったし、「ぼくは行かないよ」とはっきり言ったところがすごいと思いました。 ○ぽんたは「へいき、へいき」というかんたの言葉を聞いて、どんなことを考えていたのでしょうか。 ・少しならいいかな。遊びたいし…。 ・でも、入ってはいけないと言われていたな。どうしよう。 ○２回も「行かないよ」と言ったぽんたは、どんな気持ちだったのでしょうか。 ・やっぱりだめだ。入ったらだめって言われているもん。 ・聞こえなかったのかもしれない。もう一度言わなきゃ。 ・かんたが危ない目にあっちゃうかもしれない。 ○ぶらんこに揺られている２人は、どんなことを話しているのでしょうか。 ・秘密基地には行けなかったけど、楽しいね。 ・なんだか心がすっきりするね。 3　自己の生き方について考えを深める ○今まで、今日のぽんたさんのように、仲のよい友達に、「だめだよ」と注意したり教えてあげたりしたことがある人はいますか。 ・私は、前に〇〇さんが順番を抜かしていたときに、「だめだよ」って注意することができました。 ・私は、お友達に、「走って帰ろう」と言われて、本当は並んで歩いて帰らないといけなかったんだけど、走って帰ったことがあります。	・ぽんたに共感して、かんたの言葉を聞いて迷いを感じているときの考えを想像できるよう、役割演技を位置付ける。 ・「大きな声で」「はっきり」に着目し、動作化を行う。その際、「どうして大きい声で言ったの？」と問いかけ、自分なりに考えて判断したことに気付くようにする。 ・自分で判断し、行動に移したすがすがしい気持ちを感じ取ることができるよう、ぽんたとかんたの役を交代しながら、役割演技をする。 ・自分の気持ちを考えることができるように、「ぽんたさんから、人間のみんなに変身。」と助言する。
終末	4　教師の説話を聞く	・休み時間の児童の姿を紹介しながら、仲のよい友達からの誘いや、楽しそうなことへの誘いであっても、自分で判断することの大切さについて話をする。

主として自分自身に関すること

ぽんたとかんた

板書計画

登場人物への自我関与を深める板書構成

役割演技を通して出てきた児童の発言を、場面絵を活用して分かりやすく整理する。

授業の実際

1 役割演技

T 2回も「行かないよ」と言ったぽんたは、どんな気持ちだったのかな。ぽんたさんに変身して言ってみて。
C （それぞれに）行かないよ。
C やっぱり行かないよ。
T どんな気持ちでそんなに大きな声で言ったの。
C 「やっぱりだめだ。入ったらだめって言われているもん」と思ったと思います。
C 「聞こえなかったのかもしれない。もう一度言わなきゃ」っていう気持ちなんだと思いました。
C 「かんたが危ない目にあっちゃうかもしれない。止めないと。」だと思います。
T だれかに相談したり、言われたりしたのかな。
C ちがう、自分で考えたの。
C 言われたわけじゃないけど、自分で考えて決めたの。
T そうか。ぽんたさんは、自分で考えて決めたのだね。すごいね。そのあと、2人でぶらんこに乗っているよね。どんなお話しているかな。じゃあ、みんなはぽんたさんね。先生がかんたさんをするね。
T ねえねえ、ぽんたさん、ぶらんこ楽しいね。
C うん。
T ぽんたさん、秘密基地に行けなかったけど、どんな気持ち？
C 行けなかったけど、いい気持ち。
T どうして？
C もし行っていたら危なくて怪我をしていたかも知れないもん。それに、約束を守ったから、すっきりしたよ。
T そうだね。そうやって自分で考えたもんね。

登場人物への自我関与のポイント

役割演技を取り入れ、児童がぽんたの気持ちを自分事として考えられるようにする。

児童の実態から、親しい間柄であっても状況や利益に惑わされず正しい判断をしてほしいと考え、最初に体験的な学習も位置付ける。さまざまな状況の絵を提示して「何て声をかけるの」と問いかけ、実際に何をするか、何と声をかけるかを自分で考え、判断することで、登場人物の気持ちに近付くことができるようにする。

終末には、ぽんたと自分を比較しながら、仲のよい友達にも注意したり教えたりしたことがあるか問いかけ、普段の自分の言動を見つめることができるようにする。想起することが難しい児童には、「休み時間や下校中、放課後に友達と遊んでいるときはどうかな」と声をかけるようにする。

本時は、主人公の「ぽんた」の気持ちを通して、自分自身を見つめることが大切である。「ぽんた」の言動を自分事として捉えることができるよう、役割演技や動作化を通して「ぽんた」になりきることができるようにする。

2 問題解決から個々のまとめ

T 自分でよく考えて決めたり、正しいことをしたりすると、気持ちがよくなるんだね。ぽんたさんのおかげで、たくさん心の勉強ができたね。

T じゃあ、ぽんたさんから、人間のみんなに変身。今度は自分の心に手を当てて考えてみてね。

T 今まで、今日のぽんたさんのように、仲のよいお友達がしたことや言ったことに、「だめだよ」と注意したり教えてあげたりしたことがある人はいますか。どんなときか教えてほしいな。

C 私は、前に○○さんが順番を抜かしていたときに、「だめだよ」って注意することができました。

C ぼくは、大縄をしていたときに、ひっかかった人に「下手だなあ」と言っているのを見て、「そんなこと言っちゃだめだよ」と注意することができました。

C 私は、お友達に、「公園で遊んでから帰ろう」と誘われて、「寄り道はだめだな。でも、ちょっとならいいか。」と思って、一緒に遊んだことがあります。

T どの人も、自分の気持ちをよく振り返っていたね。

> ………… 評価のポイント …………
> 本時は登場人物への自我関与を大切にしている。そのため、低学年の児童がより主人公と自分を重ね合わせて考えることができるよう、役割演技や動作化を位置付けた。また、自分をどのように見つめたり振り返ったりしたかを、展開後段の発言内容から見届ける。

ぽんたとかんた

主題	内容項目	主として自分自身に関すること
しょうじきにすること	A 正直、誠実	

第1学年
きんのおの（しょうじきなきこり）

東書② 学図
教出② 光村
日文② 光文
学研 廣あ
※②：第2学年掲載

出典　文部省「小学校道徳の指導資料第1集第2学年」

1　ねらい

嘘をついたりごまかしをしたりしないで、素直に伸び伸びと生活する態度を育てる。

2　主題設定の理由（指導観）

●ねらいとする道徳的価値（価値観）

自分自身を偽らないことが明るい心につながり、伸び伸びとした生活の基盤となる。しかし、人間は自己中心的な考えをしがちで、ともすると自己保身のためにうそを言ったりごまかしをしたりすることも少なくない。正直で素直に伸び伸びと生活できる態度を養いたい。

●児童の実態（児童観）

この時期は、周りの期待に応え、褒められたい認められたいと願っている。そのため、嘘をついたり、ごまかしをしたりして、自分の心が暗く沈んでしまうことがある。誠実に生きることで自信が生まれ、明るく生活できる。その素晴らしさを理解させたい。

3　教材について（教材観）

●教材の概要

正直な木こりが沼の近くで木を切っていたところ、手を滑らせて、大切なおのを沼に落としてしまう。そこへ、沼の中から神様が現れ、金の斧を見せ尋ねるが、自分の物でないと否定する。鉄のおのこそ自分のだと正直に答えた木こりに、神様は、金・銀・鉄の3本のおのを授けた。それを聞いた欲張りな木こりが、金のおのがほしくて真似をしたが、嘘を見破られ、自分の鉄の斧さえも失ってしまう。

●教材活用の視点

人間は、常に正直にしようとする清い心と自分のことばかり考えてつい嘘を言ったりごまかしたりする弱い心をもち合せている。これは人間であれば両方の心をもっていることは当然のことと言える。児童が、一人の人間の心の中に存在する思いを多面的に考えて、正直に関わる価値理解、人間理解を深めるようにしたい。

4　指導のポイント

正直について、実行しようとする強さとうそやごまかしをしがちな弱さの両面を考えさせるために、役割演技を活用する。児童にきこりとの二つの思いをそれぞれ自分事として考えさせ、その上に立って人間の二面性を考えさせるために役割演技を活用する。役割交代を行いそれぞれの立場で正直にすることのよさや難しさを考えさせたい。

学習指導過程

	学習内容	指導上の留意点
導入	1　うそを言われた、ごまかされたりしたときの思いを想起して発表し合う ○嘘を言われたり、ごまかしをされたりしたときはどんな気持ちになるか。 ・とても悲しい気持ちになる。 ・その人を嫌いになってしまう。	・具体的な出来事の話合いに終始したり、個人が特定されたりすることがないように気持ちについての話合いを重視する。
展開	2　『きんのおの』の話を聞いて、正直にすることのよさや難しさを考える ○沼におのを落としてしまったきこりはどんな気持ちだっただろう。 ・困ったことになった。仕事ができなくなる。 ・自分の不注意でこんなことになった。悲しい。 ○女神が金のおのを差し出したとき、きこりはどんなことを考えただろう。 ・自分のものではないから自分のものとは言えない。 ・金のおのがほしいなあ。 ・自分のものですと言ってしまおうかな。 ◎銀のおのを自分のものではないと言うまでに、きこりはどんなことを考えただろう。 ・やっぱりもらうわけにはいかない。 ・銀のおのならばもらってもいいかもしれない。 ・銀のおのがほしいなあ。 ・うそをついてはいけないなあ。 ○３本のおのをもらったきこりはどんなことを考えたか。 ・正直にしてよかった。 ・これからもうそやごまかしはしないぞ。 3　正直、誠実を視点に自分自身を振り返る ○今までに迷ったけれども、正直にしてよかったことはあるか。正直にしようと決めたきっかけは何か。	・紙芝居による教材提示を行い、教材を身近に感じられるようにする。 ・自分の大切なものをなくしてしまったときの気持ちを自分との関わりで考えさせる。 ・不正直にすることで自分が利益を得られる状況での考え方を自分事として考えさせる。 ・正直にすることのよさや難しさを自分との関わりで考えられるようにする。 ・正直にしようとするきこりと、うそを言おうとするきこりを想定して役割演技を行う。 ・正直にすることのよさや清々しさを自分事として考えさせる。 ・正直にすることのよさや難しさを自分の経験をもとに考えさせる。
終末	4　教師の説話を聞く	・教師自身が自分の子供の頃の体験談を話す。

主として自分自身に関すること

きんのおの

板書計画

道徳的価値の実現のよさや難しさを追究する板書構成

　本時の「正直にする大切さ」と「正直にする難しさ」を対比させて考えられるようなことについて、自分の感じ方、考え方が明らかになることに留意した板書を構想する。

授業の実際

1　中心的な発問

T　きこりは、沼におのを落としてしまったときどんな気持ちだったでしょうか。
（間を取る）
C　あっ、やっちゃった。
C　困ったことになったなあ。
C　仕事ができなくなっちゃうなあ。
C　何てことをしてしまったんだろう。
C　自分の不注意でこんなことになった。
C　悲しい。
T　きこりはがっかりしてしまいましたね。そんなとき、沼から金のおのを持って女神さまが現れましたね。「このおのか、落としたおのは」と言いましたね。そのとき、きこりはどんなことを考えたでしょうか。
C　自分のものではないから自分のものとは言えないです。
C　でも自分のおのよりも金のおのはとてもきれいなのでほしい気持ちもあります。
C　自分のものですと言ってしまおうかな。

T　きこりは「いえいえ、そんな立派なおのではございません」と言いましたね。すると女神様は銀のおのを持ってきました。きこりは「違います」と言うまでに、どんなことを考えただろう。
C　やっぱりもらうわけにはいかない。
C　銀のおのならばもらってもいいかもしれない。
T　2つの気持ちがあったかな。それでは、もらってもいいというきこりと、やっぱりもらえないというきこりになって劇をしてもらいます。
　それぞれ、「もらってもいい」、「もらえない」の訳を聞かせてください。
（条件設定→演技）
C　銀ならもらってもいいんじゃないの。
C　だめだよ、自分のおのじゃないんだから。
C　少しくらい大丈夫だよ。（以下略）

道徳的価値への理解を深める学習のポイント

自我関与を深め、多面的に考えさせるための工夫を行う。

ポイント①
教材に親近感をもたせるために、紙芝居を活用して教材を提示する。

ポイント②
中心発問では、正直にすることのよさや難しさを考えさせるために、役割演技を活用して、多角的に考えられるようにする。

ポイント③
振り返りでは、単に正直にしたことではなく、「迷ったけれども」という観点でこれまでの自分を見つめさせる。また、それでも正直にできたことの契機を想起させる。

2 自己の生き方についての考えを深める

T 今度は、自分のことを振り返って考えてください。今までに迷ったけれども、正直にしてよかったことはありますか。
（考える時間を確保する）
C おにごっこをしていて、おにの人にタッチされたときに、おにになりたくなかったから「タッチされてないよ」と言おうかなと思ったけど、おにをやりました。
T おにをやりたくなかったのに、どうしておになったのですか。
C タッチされたからです。「タッチされてないよ」と言うとずるになる。
T そうですか。他にはどうですか。
C ドッジボールをしていて当たったときに「当たってない」と言おうと思ったけれど、外野に行きました。
T ずるにならないようにですか。
C はい。
C Aさんと遊ぶ約束をして家に帰って遊びに行こうとしたら、お母さんが「宿題ないの」と言ったので、「ないよ」と言おうと思ったけど、「あとでやる」と言いました。
T どうして「ないよ」って言わなかったのですか。
C うそつきになってしまうからです。

評価のポイント

児童が教材を通して主人公に自我関与して正直にすることのよさや難しさに関わる発言やつぶやきをしていたかどうかを視点に学習状況を把握するように心がけた。気になる発言やつぶやきをした児童については授業後に聞き取りをした。

きんのおの

主　題	内容項目	主として自分自身に関すること
節度をもって	A 節度、節制	

第1学年

かぼちゃのつる

東書　学図
教出　光村
日文　光文
学研　廣あ

出典 文部省「小学校道徳の指導資料第3集第1学年」

1　ねらい

わがままをせず、節度ある生活をしようとする心情を育む。

2　主題設定の理由（指導観）

●ねらいとする道徳的価値（価値観）

自立した生活ができるようにするためには、自分の生活を見直し、自分のおかれた状況について思慮深く考えながら自らを節制しようと努めることが重要である。自分の現状を内省することが、快適な毎日につながることに気付かせたい。

●児童の実態（児童観）

児童は、日常生活の中で安全のきまりを守るなど、規則正しく生活しようしている。一方で、自分の都合を言い訳にして、規則正しい行動ができないこともある。快適な生活を送るために、自分を見つめ、内省することの大切さを考えさせたい。

3　教材について（教材観）

●教材の概要

自分の畑でつるをのばしていたかぼちゃは、自分の畑を飛び出して、つるをどんどん伸ばしていった。みんなが通る道に飛び出し、通りがかったミツバチや犬に注意されたり、隣のすいか畑に侵入していやがられたりしても、おかまいなしで伸ばしていく。すると、道に車がやってきて、タイヤでつるが切れてしまい、かぼちゃは「いたいよう、いたいよう。」と言って泣いてしまうのであった。

●教材活用の視点

快適な生活を送るため、自分の現状を見つめ、内省することの大切さについて考えさせるために、児童をかぼちゃに自我関与させて、自分の都合で行動して失敗してしまったときの気持ちを考えさせる。

4　指導のポイント

自分の現状を見つめることや内省することの大切さについて自分との関わりで考えさせるために、役割演技や動作化を行い、児童一人一人が登場人物に自我関与して考えることができるようにする。

学習指導過程

	学習内容	指導上の留意点
導入	1　わがままをしてしまった経験を想起し、発表し合う 〇わがままをしているのを見たことはあるか。それはどんなわがままか。 ・ブランコをして遊んでいたときに、友達に「代わって」と言われたけれど乗り続けていた。 ・家でゲームをしていたとき、約束の時間が過ぎても、ゲームをやり続けていた。	・ねらいとする道徳的価値への方向付けをするために、わがままな経験について考える。
展開	2　『かぼちゃのつる』を読んで、話し合う 〇周りに注意されながらも、つるをぐんぐん伸ばしているかぼちゃは、どんな気持ちだったか。 ・どんどんつるを伸ばしたい。 ・少しくらい、許してくれるだろう。 ・みんなうるさいな、好きにさせてよ。 ・みんなの言うこと少しは聞いてやろうかな。 ◎つるが切れてしまったかぼちゃは、どんな気持ちだったか。 ・痛いなあ。トラックはひどいな。 ・ただつるを伸ばしたかっただけなのに、ひどい。 ・みんなに言われたこと聞いておけばよかった。 ・わがままを言わなければよかった。 3　わがままをして失敗してしまったときの気持ちを振り返る 〇今までにわがままをして失敗したことはあるか。そのときはどんな気持ちだったか。	・児童が登場人物に親近感をもち、自分との関わりで考えやすくするために、パネルシアター形式で教材提示をする。 ・自分勝手にわがままをしているときの気持ちを、かぼちゃに自我関与させて考えさせる。役割演技を取り入れる。 ＜役割演技＞ ①かぼちゃとミツバチ ②かぼちゃとすいか ・自分勝手なふるまいをしているときの状況を考えることができるように、板書にまとめていく。 ・自分のわがままを内省するときの考え方、感じ方を、かぼちゃに自我関与させて考えさせるために、失敗して泣いているかぼちゃを動作化する。
終末	4　教師の説話を聞く	・教師自身がわがままをして失敗し、内省した経験談を話す。

主として自分自身に関すること

A
B
C
D

かぼちゃのつる

板書計画

登場人物に自我関与させるための板書構成

　児童が登場人物に自我関与して考えられるようにするため、登場人物の状況が理解できるように構成する。

授業の実際

1　役割演技の実際

T　かぼちゃは、自分の畑を飛び出して、隣のすいか畑にまで、どんどんつるを伸ばしていきました。かぼちゃの気持ちを考えるために、今から、劇をやってみましょう。何を言われてもつるを伸ばしていくかぼちゃと、畑に入ってこられてしまっているすいかになりきって、話合いをしてもらいます。

（ペアを組ませ、役割を指定して役割演技を行う。役割を交替してもう一度行う。）

T　みなさんかぼちゃとすいかになりきって話合いできましたか。ここで、AさんとBさんにみんなの前でやってもらいたいと思います。Aさんはつるを伸ばすかぼちゃ、Bさんは、畑に入ってこられるすいかです。見ているみなさんは、自分が2人だったらどうするか考えながら見ていましょう。

C　（かぼちゃA）つるをどんどん伸ばすぞ～！
C　（すいかB）わあ、かぼちゃさんやめてよ。
C　（かぼちゃA）うるさい！伸ばしたいんだ！
C　（すいかB）ここはぼくの畑だよ、入ってこないで。
　（やりとりを数回繰り返す）
T　Aさん、かぼちゃになってみてどんなことを思いましたか。
C　たくさん注意されていやでした。
T　Bさんは、すいかになってみて、どんなことを思いましたか。
C　何回言っても分かってくれなくていやな気持ちになりました。

体験的な学習のポイント

自分との関わりで考えさせるための役割演技や動作化を行う。

自分の現状を見つめることや内省することの大切さについて自分との関わりで考えられるように役割演技をさせる。多面的に考えさせるために2人組で役割を交替しながら行い、指名した児童にみんなの前でさせる。ねらいとする道徳的価値に関わる多様な感じ方、考え方に触れさせるために、演技の後は演技者と観衆の児童との話合いを行う。

自分のわがままを内省するときの考え方、感じ方を、かぼちゃに自我関与させて考えられるようにするため、失敗して泣いているかぼちゃを動作化させる。

ポイント
明確な目的をもって体験的な学習を取り入れるように留意する。

2 動作化

T かぼちゃさんは、ミツバチや犬、すいかたちに、「ひどい」「やめてよ」「めいわくだよ」など、周りからたくさん注意されていたのですね。それなのに、かぼちゃときたら、「ちょっとくらいいいじゃん!」「うるさいなあ」と、おかまいなしにぐんぐんつるを伸ばしていきました。そうしていたら、車がやってきて…。

C 車にひかれちゃった!

T そうですね、車にひかれてつるが切れてしまったかぼちゃは、痛くて痛くて泣いてしまいました。ではかぼちゃになりきって、つるが切れたときの気持ちを考えてみましょう。
まず、つるをぐんぐんのばしましょう。

C (腕を上下に動かす等の動作)

T そして、そこの車が来て…ブルルルッ ブチーン!つるが切れました!

C (声を出しながら泣く等)

T では、うえ〜んと泣いているとき、どんな気持ちでしたか。

C やらなきゃよかったな。

C みんなに悪かったな。

C つるを伸ばしすぎたな。

評価のポイント

本時の指導の意図は、児童が登場人物に自我関与して、自分の現状を見つめることや内省することの大切さについて考えることである。自分のわがままを内省するときの考え方、感じ方を自分事として考えている学習状況をワークシートや発言から把握する。

かぼちゃのつる

主題	内容項目	主として自分自身に関すること
わたしのよさ	A 個性の伸長	

第1学年　　　　　　　　　　　　　　　　　　その他

どっちがえらい

出典　文部省「小学校道徳の指導資料とその利用5」

1　ねらい

自分のよさに気付き、よいところを大切にしようとする心情を育てる。

2　主題設定の理由（指導観）

●ねらいとする道徳的価値（価値観）

個性とは、個人特有の特徴や性格であると言われる。個性の伸長とは、自分らしさを発揮しながら調和の取れた自己形成をしていくことである。自分のよさをさらに伸ばすことはもちろん、同時に短所に気付き、望ましい方向へ改める努力をする大切さに気付かせたい。

●児童の実態（児童観）

低学年の児童は、自分自身を客観視することが十分にできるとは言えず、他者の評価をもとに自分の特徴に気付いていくことが多い。指導に当たっては、児童の長所を積極的に認め、児童が自分の長所に多く気付き、実感できるようにすることが大切である。

3　教材について（教材観）

●教材の概要

体の大きなきこりと、小さなきこりは仲がよく、いつも一緒に仕事をしている。ある日、どちらが偉いかでけんかになり、どちらがむこうの山の木の実を取ってくることができるか競うことになった。道の途中の川では大きなきこりが、また、細いつり橋では小さなきこりがと、2人は自然と助け合って、木の実を取って帰ってきた。2人のきこりは、どちらが偉いかではなく、互いのよさに気付くこととなった。

●教材活用の視点

教材のもつ、互いのよさを認め合うことの心地よさを十分に味わった後、実際に学級でも互いのよさを認め合う活動を行う。自分が自覚している「自分のよさ」だけでなく、もっと他にある「自分のよさ」を実感させ、さらに互いに認め合うことの心地よさを追体験させたい。

4　指導のポイント

導入段階で、「自分のよさ」について書く活動を行う。教材を通じて「互いのよさ」を認め合うことの心地よさを感じた後に、小集団で互いのよさを認め合う活動を行う。これらの体験活動を通して、それまで気付かなかった「自分のよさ」を自覚し、さらに伸ばしていきたいという心情を育てたい。

学習指導過程

	学習内容	指導上の留意点
導入	1 「自分のよさ」を振り返る ○「わたしのよさ」を探して書こう。 ・鉄棒で、逆上がりが上手にできる。 ・折り紙を折ることが得意。	・ワークシートの活用 ・ねらいとする価値への方向付けをするために、「自分のよさ」を想起させる。 ・書けない児童にはアドバイスをする。
展開	2 『どっちがえらい』を読んで話し合う ＊大きなきこりの考えや気持ちを想像しよう。 ○「どっちがえらいのだろう」と言ったとき、大きなきこりはどんな気持ちだったのだろう。 ・木を切りたおせるぼくが偉いに決まっている。 ・体が小さいと、力も少ないに決まっているよ。 ・ぼくはあんな高い木には登れないな。 ○小さいきこりから黄色い木のみをもらったときの大きなきこりは、どんな気持ちだったのだろう。 ・あんなに細いつり橋は、ぼくにはとても渡れなかった。 ・小さいきこりさんがいたから、この黄色い木のみが手に入ったんだな。 ・小さいことはよいことでもあるんだな。 ◎「だれにもほかの人にはない、すぐれたところがあるんだよ」とおじいさんに言われたときの大きなきこりの気持ちを考えよう。 ・本当だ。ぼくは力もちだけど、小さいきこりさんのように高いところには上れない。 ・小さいきこりさんをせおって川を渡ったことを喜んでくれたんだ。 3 自分や友達のよいところを探す ○自分のよいところや友達のよいところを書き加えよう。 ・いつも大きな声で挨拶してくれるよ。 ・転んだときに「大丈夫？」て言ってくれた。 ○今までに自分のよいところを伸ばそうとしたことはありますか。	・紙芝居の視聴。場面絵として板書に活用する。 ・自分のよさの一面だけを見ていることを考えさせるために、小さいきこりと言い争っている大きなきこりの気持ちを考えさせる。 ・自分にはない相手の長所を探す意味を考えさせるために、小さいきこりのよさに気付いたときの大きな木こりの気持ちを考える。 ・自分の長所とともに短所に気付いたり、他人のよさを認める心地よさを味わわせる。 ・導入で使用したワークシートに書き込む。自分のよさは赤、友達のワークシートに書き込んだよさは青で囲む。授業の前と後の変容を読み取る際にも活用する。
終末	4 教師の説話を聞く	・教師自身が認められてうれしくなり、さらに頑張った経験談を話す。

どっちがえらい

板書計画

場面絵を使って想起させる板書構成

　教材提示で使用した紙芝居を、児童の話合いの際に場面を思い出させる場面絵として活用する。

授業の実際

1　自分自身を振り返る

T　おじいさんの言葉「だれにもほかの人にはない、すぐれたところがあるんだよ」を聞いて、自分のよいところがあるなと気付いた人はいますか。
C　私は、逆上がりが上手にできます。
C　僕は、サッカーのリフティングが20回以上できます。
T　なるほど。運動でできることがあるのですね。運動の他にはありますか。
C　僕は、本をたくさん読みます。
C　私は、お皿洗いが得意です。
T　勉強に関すること、お手伝いをするなど、いろいろ優れたところがありますね。それでは、自分のよいところをワークシートに書いてみましょう。
（ワークシートへの記入の様子を見ながら、書いていない児童へ助言する）
（ワークシートを見て、違う種類のよさの記入があった児童を意図的指名する）
C　私は、絵を描くことが得意です。
C　お母さんに肩たたきが上手だと言われました。
T　友達の発表を聞いて、自分も同じだと思う人はいますか。
C　私も、お母さんに肩もみ名人と言われました。
C　僕は、お父さんの腰に乗ってくれと言われてよく乗ります。
T　じゃあ、マッサージ名人と書けますね。友達と同じだなと気付いたら、ワークシートに書き足してもよいですよ。
（少し時間をとり、書く活動の充実を図る。）
T　みなさんは今までに自分のよいところを伸ばそうとしたことがありますか。

体験的な学習のポイント

新たな自分のよさに気付き、友達と認め合う心地よさを体感する。

自分が気付いていない「自分のよさ」を友達から知らせてもらうために、自由に話し合う時間を設ける。

全体でどんなことを話し合った方がよいのか共有することで、話合いの方向性を明確にする。

自分の気付いていなかった自分のよさを友達に知らせてもらうことによって、自分に自信がもてるようになるとともに、伝えてくれた友達のことを大切に思うことができる。

2 友達のよさに気付く

T 次に、友達のよさについて考えましょう。
C Aさんは、私が転んだときに、一緒に保健室に行ってくれました。
T Aさんの優しさに気付いているのですね。
T 他の人のよさに気付いたら、その人に伝えに行ってあげましょう。
（個々に伝えに行く時間をとる）
T 友達に教えてもらった自分のよさについて、青で丸く囲みましょう。
T 友達に言ってもらってどんな気持ちがしましたか？
C 優しいと言ってもらえて、とてもうれしかったです。
C ドッジボールの投げる球が速いと言われたけど、自分では気付きませんでした。
C 折り紙が上手と言われたので、今度教える約束をしました。
C 字が丁寧でうまいと言われて、もっと頑張ろうと思いました。
T 友達に教えてもらった「自分のよさ」も、これからもっと伸ばしていけるとよいですね。

……… 評価のポイント ………

本時は、教材を通して「互いのよさ」を認め合うことの心地よさを感じた後に、小集団で互いのよさを認め合う活動を行う。導入段階では、自分のよさを書けなくても、友達とのやり取りを通して、自分のよさを意識したり、伸ばしていきたいという意欲をもったりする様子を、ワークシートや発言から把握したい。

どっちがえらい

主 題	内容項目	主として自分自身に関すること
じぶんのちからで	A 希望と勇気、努力と強い意志	

第1学年

がんばれポポ

学図　学研②
※②：第2学年掲載

出典　文部科学省「わたしたちの道徳　小学校1・2年」

1　ねらい

自分のやるべきことをしっかりと行おうとする心情を育てる。

2　主題設定の理由（指導観）

●ねらいとする道徳的価値（価値観）

自分でやるべきことを、努力し行うことは、児童が自立していく上で大切なことである。やり遂げたときの充実感を味わうことで、できた自分に気付くことができ、さらに自分を向上させる意欲がわいてくる。たとえ苦手であっても、努力し乗り越えようとする気持ちを養いたい。

●児童の実態（児童観）

当番の仕事などを通して、自分で行わなければならないことに気付いている児童が多い。一方で、苦手なことに対しては、やるべきことであっても最後までできないこともある。やり遂げたときの充実感を味わい、頑張ることのできた自分に気付くことができるようにしたい。

3　教材について（教材観）

●教材の概要

タンポポの綿毛のポポが、泣き出しそうになりながらも母に励まされ、広い大空へ飛び立った。しかし、その途中では、すずめにつつかれてしまったり、硬い岩の上に落ちてしまい寒い中で何日も過ごしたりと厳しい環境で過ごすことになる。そんな中でもポポは送り出してくれた母の「つらくても　がんばって　きれいな　はなを　さかせてね。」という言葉を思い出し、頑張り続けた。4日が経ち、草の根につかまり広い野原に着いたポポは元気になり、きれいな花を咲かせることができた。

●教材活用の視点

辛いことや苦しいことがあっても頑張り続けるポポに自我関与させて、不安になりながらも最後まで自分の力で頑張ることの素晴らしさを考えさせたい。自分の力で何かをやり遂げたときの達成感について、じっくりと自分事として考えられるようにしたい。

4　指導のポイント

自分のやるべきことを行うことの大切さについて、登場人物に自我関与させじっくりと考えさせたい。中心発問では主人公のお面を活用して体験的に考えさせ、周りの児童にそれを客観的に聴いて感じたことを問うことで、言葉の裏側にある気持ちを考えさせるようにする。

学習指導過程

	学習内容	指導上の留意点
導入	1 仕事の達成感を味わった場面を想起し、発表し合う ○今までにお家や学校で、「お仕事を頑張ってよかったな。」と思ったことはありますか。 ・学校の当番の仕事を頑張ったら気持ちがよかった。 ・お母さんのお手伝いをしたらほめられた。	・本時の主題への方向付けをするために、仕事についての経験を想起させる。 ・発言が出にくいときは、具体例を提示するようにする。
展開	2 『がんばれポポ』を読んで話し合う ＊ポポの気持ちや思いを想像してみよう。 ○風に吹かれて飛び出したポポはどんな気持ちだったか。 ・１人きりで大丈夫かな。 ・お母さんと離れたくないな。 ・きれいな花を咲かせられるといいな。 ○苦しくても、何日も頑張り続けているポポはどんなことを考えたか。 ・もう我慢できないよ。 ・お母さんのもとへ戻りたいよ。 ・もう少し頑張れば、花を咲かせるかな。 ・お母さんが応援しているから頑張らなくちゃ。 ◎元気になって花を咲かせたポポは、どんな気持ちだったか。 ・大変だったけれど、頑張って本当によかった。 ・きれいな花を咲かせてうれしいな。 ・花を咲かせると、とても気持ちがいいな。 ・お母さんやお友達にも僕のお花を見せたいな。 3 自分の仕事を頑張れたときの気持ちや思いを振り返る ○今まで自分のお仕事や、やらなければいけないことをしっかりと頑張れたことはあるか。そのときは、どんな気持ちだったか。	・自信が持てずに不安でいる気持ちを自分事として考えさせる。 ・板書を工夫して、今すぐ逃げ出したいと思う弱い自分と、頑張り続けたいと思う強い自分について、自分事として考えさせる。 ・ポポのお面をかぶり、ポポになりきることを通して、達成感に満ち溢れている主人公に自我関与し、より自分事として考えられるようにする。
終末	4 教師の説話を聞く	・教師自身が自分の仕事を頑張ってうれしかった経験談を話す。

主として自分自身に関すること

がんばれポポ

板書計画

登場人物への自我関与を促す板書構成

本時の「努力と強い意志」への価値理解を深めるために吟味された発問を提示して、登場人物に自我関与させ自分事として考える学習を促すような板書を構想する。

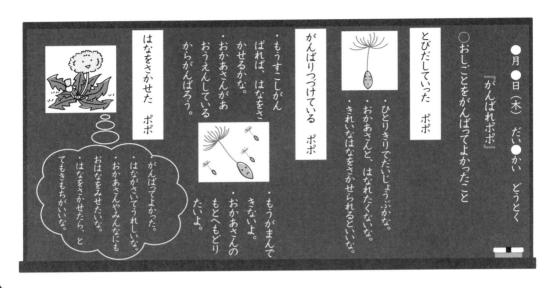

授業の実際

1 役割演技による自我関与

T 元気になって花を咲かせたポポは、どんな気持ちだったのでしょうか。ポポになって考えてみましょう。
（児童が前へ出てくるのではなく、教師が児童のもとへ行き、お面を頭にかぶせて発言をさせる。）
C 大変だったけれど、頑張ったらきれいなお花を咲かせることができて本当によかった。
T なるほどね。頑張ったからこそ、最後によかったと思えたのですね。他のポポさんにも聞いてみましょう。
C お母さんや友達にも、僕のお花を見てもらいたいな。
T 花を咲かせたポポさんは、大きな自信がついていますね。
C きれいなお花を咲かせて、うれしいな。
C お花を咲かせると気持ちがいいな。
C なんだかお花が咲くと、楽しい気持ちだな。
T どうして、うれしくなったり、気持ちがよくなったりしたのだろう。
C 嫌なことがあっても一生懸命頑張ったから。
C お母さんに頑張ったことを早く言いたくなるから。
C 辛くても最後まで頑張ると、うれしい気持ちになれるから。
T ポポさんは、つらいことも乗り越えて、最後まで強い気持ちで頑張ったから、うれしい気持ちになれたのですね。

体験的な学習のポイント

役割演技を生かした登場人物への自我関与を図る。

> 苦手なことや、したくないことをやり遂げられない児童の実態から、困難を乗り越えたときの喜びや達成感を味わわせたいと考え、成功体験の場面を中心発問とする。

> 中心発問では、お面を活用することで主人公に自分を重ね、不安や苦しみを乗り越えた後の思いを自分の思いとして語ることができるようにする。

> 主人公になりきった友達の「困難を努力と強い意志で乗り越え、達成感で満ち溢れた清々しい思い」を受け、感じたことを別の児童に問うことで「自分ならどうか」「自分と主人公はどこが同じか」「自分と主人公はどこが違うか」など、展開の中で自分事として考えさせる場面を設定する。

花が咲いてうれしい

きれいな花を咲かせたい

2 自分事として考えさせる補助発問

T ポポさんの気持ちを聞いて、他のみなさんは、どう思いますか。（中心発問での役割演技の中で自我関与が深まったところで他の児童へと広げる）
C ポポさん、お花が咲いてよかったね。
C ポポさんが頑張ったからお花が咲いたんだよ。
C ポポさんみたいに嫌なことでも頑張れば、楽しくなる。
C すごく楽しい気持ちになれるんだね。
T そうですね。ポポさんにとっては、頑張って花を咲かせることは自分の力で最後まで頑張らないといけないことだったのですね。
　では、今度はみなさんが自分の力でお仕事を頑張ったときの気持ちを思い出してみましょう。
（振り返りへのつなぎ）

> 今まで自分の仕事や、やらなければいけないことをしっかりと頑張れたときには、どんな気持ちだったか。
>
> C 掃除当番のとき、水が冷たかったけど我慢して頑張ったら気持ちがよかった。
> C 日直の仕事を、嫌だと思ったけれど頑張ったら楽しかった。

> ……… 評価のポイント ………
> 本時の学習の意図は、児童が主人公「ポポ」に自我関与して、自分の力でやるべきことをやり遂げたときの思いを考えさせることである。児童が、主人公の不安な気持ちや苦しい思いを乗り越え、達成感に満ち溢れたときの気持ちを自分事として考えている学習状況を発言やつぶやきなどから把握する。

がんばれポポ

主題	内容項目	主として人との関わりに関すること
温かい心で	B 親切、思いやり	

第1学年
はしの上のおおかみ

東書／学図／教出／光村／日文／光文／学研／廣あ

出典 文部省「小学校道徳の指導資料第1集第1学年」
文部科学省「わたしたちの道徳　小学校1・2年」

1　ねらい

身近にいる人に温かい心で接し、親切にしようとする心情を育てる。

2　主題設定の理由（指導観）

●ねらいとする道徳的価値（価値観）

人を思いやる気持ちや行動は、人と関わる力の基本となる。低学年では自分中心の考え方をすることが多いが、様々な人との関わりの中から、相手の考えや気持ちに気付き、親切にすることのよさを感じることができるようになる。親切にすることのよさを感得できるように指導したい。

●児童の実態（児童観）

児童は、親切にすることの大切さには気が付いているようで、友達や先生に対して日々の生活の中で親切にする姿は見受けられる。一方で、親切にすることのよさを十分に感じていないために、褒められたいから親切にする児童もいる。本時では、親切にすることのよさを考えさせたい。

3　教材について（教材観）

●教材の概要

一本橋の上でうさぎと出会ったおおかみは、「もどれ。」と怖い声でどなる。おおかみはこの意地悪がおもしろくなり、他の動物にも同じことを繰り返していた。ある日、橋の上で大きなくまに出会ったおおかみは、「わたしが、もどります。」とあわてて言う。くまはおおかみを抱き上げ、「それにはおよばないよ。」と後ろに下ろした。次の日から、おおかみはくまと同じことをするようになった。おおかみは前よりもよい気持ちだった。

●教材活用の視点

自分より小さい動物に対して意地悪をするおおかみや、おおかみに優しくするくまの姿は、児童の生活に近いものがあり、自分事として考えやすい。児童をおおかみに自我関与させ、動作化を通してそのときの気持ちを聞くことで、親切な行動のよさを感じさせたい。

4　指導のポイント

身近にいる人に温かい心で接し、親切にしようとする心情を育てるために、道徳的行為に関する体験的な学習を展開する。展開前段で、親切にされたときと、親切にしたときの気持ちを考えさせるために動作化を行い、そのときの気持ちを聞いて親切にすることのよさについて考えを深める。

学習指導過程

	学習内容	指導上の留意点
導入	1　自分の経験を振り返る ○「親切にしたこと」についてアンケート結果を見る。 ・電車で席をゆずった。 ・友達に鉛筆を拾ってあげた。	・経験とそのときの気持ちを想起することで、ねらいとする道徳的価値への方向付けをする。
展開	2　『はしの上のおおかみ』を読んで話し合う ○うさぎやきつねを追い返して意地悪をしているおおかみは、どのような気持ちだったか。 ・通せんぼは楽しいな。 ・みんな、おれの言うことを聞け。 ・ぼくは偉いんだぞ。 ◎くまの後ろ姿をいつまでも見ていたおおかみは、どんな気持ちだったか。 ・優しいなあ。 ・ぼくも、あんなふうになりたい。（尊敬） ・こうすればよかったのか。（気付き） ・うさぎさんたちに謝らなきゃ。（反省） ・小さい子に優しくしなきゃ。（決意） ○うさぎを抱き上げ、親切にしたおおかみは、どのような気持ちだったか。 ・うさぎさんが喜んでくれて、ぼくもうれしいな。 ・みんなごめんね。 ・相手に優しくすると、自分もいい気持ちになるんだ。 3　親切にしたときの考えや思いを振り返る ○今まで親切にしたことはあるか。そのとき、どんな気持ちだったか。	・親切にせず、意地悪をしているときの気持ちを考えさせるために、おおかみの気持ちを自分との関わりで考えさせる。 （動作化1） ・児童がおおかみ役、教師がくま役になり、おおかみが橋を渡らせてもらったとき（親切にされたとき）の気持ちを考えさせる。 ・見ている児童にも感想を聞き、親切にされたときの気持ちを考えられるようにする。 ・児童が自分の思いや考えを多面的・多角的に考えるようにするために、児童の考えや思いを分類整理して板書する。 （動作化2） ・児童がおおかみ役、うさぎ役になり、おおかみが橋を渡らせたとき（親切にしたとき）の気持ちを考えさせる。 ・見ている児童にも感想を聞き、親切にしたときの気持ちを考えられるようにする。
終末	4　教師の説話を聞く	・教師自身が親切にしてうれしかった経験談を話す。

主として人との関わりに関すること

はしの上のおおかみ

板書計画

児童が多面的・多角的に考える板書構成

児童が多面的・多角的に考え、道徳的価値をより深めるために、中心発問で児童の考えや思いを分類整理して板書する。

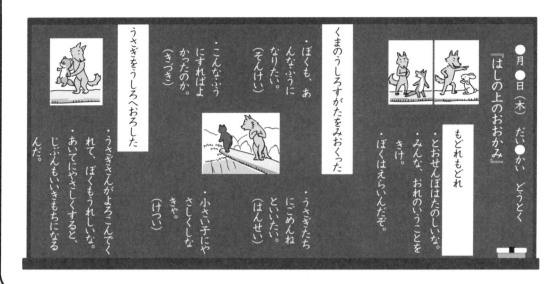

授業の実際

1　体験的な学習の実際①

T　それでは、おおかみがくまに橋を渡らせてもらったところをやってみましょう。先生が、くまをやりますので、おおかみ役をやりたい人はいますか。
C　はい。
（動作化1）
※くま役がおおかみ役を抱き上げる。
T　どんな気持ちでしたか。
C　うれしい。温かい気持ちになる。
T　見ていた人で、おおかみがどんな気持ちになったか言える人はいますか。
C　すごいなという気持ちになった。
C　こうすればいいのかと思った。
T　おおかみは橋を渡らせてもらい、くまの後ろ姿をいつまでも見ていましたね。おおかみはどんな気持ちだったでしょう。（中心発問）
C　優しいなあ。くまさんはえらいなあ。（尊敬）
C　ぼくも、あんなふうになりたい。（尊敬）
C　こうすればよかったのか。（気付き）
C　うさぎさんたちに謝らなきゃ。（反省）
C　小さい子に優しくしなきゃ。（決意）
C　戻れって言わなければよかった。（反省）
T　今、言ったことは黒板のどの言葉に近いですか。（分類整理）
C　謝ることと言わなければよかったことは似ていると思う。
T　では、ここに書きますね、みなさんもいいですか。

（児童が多面的・多角的な考え方ができるようにするために、児童の発言を児童と一緒に分類整理して板書する。）

道徳的行為に関する体験的な学習のポイント

2つの場面の役割演技を行い、「親切、思いやり」について多面的・多角的に考えられるようにする。

登場人物に自我関与し、自分のこととして考えることができるようにするために、お面使って役割演技を行う。

見ている児童にも感想を聞き、親切にしたときの気持ちを考えられるようにする。

2　体験的な学習の実際②

T　うさぎががおおかみに橋を渡らせてもらったところをやってみましょう。今度は、お友達同士でやります。うさぎ役、おおかみ役をやりたい人はいますか。

T　おおかみ役の人は、持ち上げたつもりでやってみましょう。

（動作化2）
※おおかみ役がうさぎ役の児童を抱き上げる真似をする。

T　おおかみはどんな気持ちでしたか。
C　親切にすると、した方もいい気持ちだな。
T　見ていた人で、おおかみがどんな気持ちになったか言える人はいますか。
C　うさぎさんが喜んでくれてぼくもうれしいな。
T　では、うさぎを抱き上げ、親切にしたおおかみは、どのようなことを考えていたでしょう。
C　うさぎさんが喜んでくれて、ぼくもうれしいな。
T　今度は自分の振り返りをしてみましょう。今まで親切にしたことはありますか。そのとき、どんな気持ちでしたか。

……… **評価のポイント** ………

本時の学習の意図は、児童がおおかみに自我関与して、親切にすることのよさを考えることである。

児童が、親切にすることのよさについて、自分のこととして考えている学習状況を発言やつぶやき、ワークシートなどから把握する。

はしの上のおおかみ

主題	内容項目	主として人との関わりに関すること
自分のためにありがとう	B 感謝	

第1学年
きつねとぶどう

学図② 教出②
日文② 学研②
廣あ②
※②：第2学年掲載

出典 文部省「小学校道徳の指導資料第1集第2学年」

1 ねらい

お世話になっている人々からの愛情や善意に気付き、感謝しようとする心情を育てる。

2 主題設定の理由（指導観）

●ねらいとする道徳的価値（価値観）

よい人間関係を築くには、相手への尊敬と感謝の念が必要である。感謝の気持ちは自分のためにしてくれることに気付き、その思いを知ることで育まれる。自分に寄られた愛情や善意を知ることで、感謝しようとする心情を育てられるように指導したい。

●児童の実態（児童観）

児童は、家庭や学校など身近な人にたくさんお世話になっている。しかし、してもらうことを当たり前のように感じていることも多い。自分に向けられた愛情や善意に気付かせ、感謝しようとする気持ちを育てたい。

3 教材について（教材観）

●教材の概要

おなかをすかせた子ぎつねのために、母ぎつねが山をいくつも越えながらえさを取りに行く。母ぎつねがぶどうを手に入れ、巣の近くまで戻って来たとき、近くに猟師がいることに気付く。母ぎつねは自分の身もかえりみず、子ぎつねを助けたい一心で大声を上げ、子ぎつねを逃がす。何年か経ち子ぎつねは、幼い頃住んでいた巣の近くでぶどうが実っているのを見つけ、その意味を理解する。子ぎつねは、自分を犠牲にしてまで自分の命を救ってくれた母ぎつねの深い愛情に改めて気付き、感謝の思いでいっぱいになる。

●教材活用の視点

自分に向けられた愛情に気付き、感謝しようとする心情が育つよう展開する。母ぎつねに自我関与して、我が子の身を第一に考え、捨て身で守ろうとした深い愛情を考えたり、子ぎつねに自我関与して心からの感謝の気持ちを考えたりするようにしたい。

4 指導のポイント

ねらいに迫るために、教材提示を工夫したり、書く活動を取り入れたりして登場人物への自我関与を図りたい。また、中心発問で児童が書いた多様な思いを、意図的指名によって学級全体に広げ、多様な感じ方や考え方に接することを通して、価値理解と同時に他者理解を深められるようにする。

学習指導過程

	学習内容	指導上の留意点
導入	1　アンケートの結果を知る ○家の人や身近な人にしてもらっていることにどんなことがありますか。そのとき、どんな気持ちですか。 ・お母さんにご飯を作ってもらっている。おいしい。 ・ほしいものを買ってもらえて、うれしい。	・アンケートの結果を知り、本時に考えるべきねらいとする道徳的価値を焦点化するために、ねらいとする道徳的価値への方向付けをする。
展開	2　『きつねとぶどう』を視聴し、話し合う ○母ぎつねは、どんな気持ちでぶどうを採りに行ったのか。 ・子ぎつねのために、おいしいものを採ってこよう。 ・できるだけ早く戻って、子ぎつねに食べさせたい。 ○母ぎつねはどんな思いで「はやくにげなさい。」と大声で叫んだのでしょうか。 ・子ぎつねの命が危ない。大変だ。 ・何としても子供を助けたい。自分はどうなってもいい。 ◎巣の近くにぶどうがなっているわけが分かったとき、子つねの心の中はどうだったか。「おかあさん、おかあさあん。」に続けて、吹き出しの中に書く。 ・あのとき、お母さんはぼくのためにぶどうを採ってきてくれたんだね。（愛情への気付き） ・やっぱりお母さんは、あのときぼくのために死んでしまったんだ。寂しい。会いたい。（深い悲しみ・思慕の念） ・お母さん、ありがとう。（愛情への感謝） ・命がけでぼくを守ってくれたんだ。（愛情への感動） ・お母さんのおかげで、今ぼくはここにいる。（命があることへの感謝） ・立派になるよ。天国で見ていてね。（勇気・希望） 3　お世話になっている人への思いを振り返る ○お世話になっている人に手紙を書いてみましょう。	・登場人物への自我関与を高めるために、黒板シアターで教材提示をする。 ・子供のためを思う母親の気持ちを、自分事として考えさせる。 ・自分が犠牲になってでも、まずは子供を助けようとした言動から、母親の深い愛情について自分との関わりで考えさせる。 ・登場人物に自我関与して考えられるよう、母親の深い愛情に気付いたときの気持ちをワークシートに書く。 ・多面的・多角的な考えを分類・整理しながら板書する。 ・事前アンケートを配り、内容を想起させる。どれも自分のためを思ってしていることに気付かせた上で、自分自身を振り返るようにする。
終末	4　教師の説話を聞く	・家族以外にも、世話してくれている存在を具体的に紹介し、感謝する対象を広げるようにする。

主として人との関わりに関すること

きつねとぶどう

板書計画

黒板シアターを生かした板書構成

　母ぎつねが子ぎつねを思う気持ちと、その思いに気付き感謝しようとする子ぎつねの気持ちを対比的に板書する。

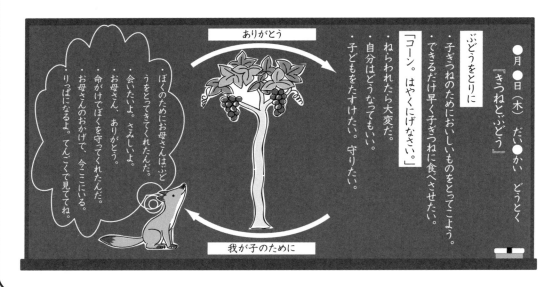

授業の実際

1　登場人物への自我関与を図りながら、道徳的諸価値について理解する

（第1発問）
T　お母さんぎつねは、どんな気持ちでぶどうを採りに行ったでしょう？
C　おいしいものを食べさせたい。
T　どうしておいしいものを食べさせたいのですか。自分が食べたいからですか？
C　子供においしいものを食べさせたい。
C　急いで届けよう。
T　どうして急ぐのですか？
C　おなかをすかせて待っているから。
C　1人で待っている子ぎつねに何かあったら大変だから。
C　子供に心細い思いをさせたくないから。

（第2発問）
T　どんな思いで「コーン、早く逃げなさい。」と大声で叫んだのでしょうか？
C　子供がねらわれたら大変だ。
C　子供を助けたい。

T　大声で叫んだら、猟師や犬に自分の存在がばれてしまいますよね。そっと、巣に戻って2人で逃げてもよかったのに、母はどんな思いで大声で叫んだのでしょう。
C　我が子が危ない。
C　子ぎつねだけは絶対に助けたい。
C　子ぎつねが気付かれたら狙われる。
C　自分が撃たれてでも、子供は守りたい。
C　自分がおとりになるしかない。

※自分を犠牲にしてでも子ぎつねを守った母ぎつねの深い愛情を考えさせるために、問い返しや、補助的な発問をする。感謝の気持ちは、相手の思いを知ることで芽生え、育まれる。そうした道徳的価値についての理解が深まっていないと、その後の中心発問でも、表面的な考えに終始してしまう。

自我関与を深める学習のポイント

黒板全体を使って教材の世界をつくり、児童が登場人物に自我関与できるようにする。

本教材は、1年生には少し難しい教材である。話の内容をしっかり理解した上で、それぞれの発問場面で、自分との関わりで考えられるようにするために、黒板全体を使った黒板シアターを用い、登場人物を動かしながら教材を提示する。特に、子ぎつねが食べているぶどうは、母ぎつねが猟師に撃たれる前に子ぎつねのために採ってきたぶどうの実が何年もかけて木となり、その木に実ったものであるという内容が分かるようにする。

中心発問で、自分事として子ぎつねの気持ちを考えられるように、書く時間を十分確保した上で、子ぎつねの言葉として吹き出しに考えを書かせる。

2　中心発問から自己の振り返りまで

T　巣の近くにぶどうがなっている理由が分かったとき、子ぎつねはどんな気持ちだったでしょう。「おかあさん、おかあさん」に続けて、吹き出しの中に書きましょう。（机間指導をしながら、多面的・多角的な考えを見つけ、意図的に指名する。）

C　あのとき、ぼくのためにお母さんが採ってきてくれたぶどうが、今こうして実っているんだ。

C　お母さん、ぼくのためにありがとう。

C　お母さんのおかげで、今ぼくはここにいる。

C　立派になるよ、天国で見ていてね。

T　この子ぎつねのように、みなさんにも、あなたのために、あなたのことを思ってお世話をしてくれる人がいましたね。（導入で使用したアンケートを示す。また、アンケート用紙を配る。）この子ぎつねは、伝えようとしてもお母さんに伝えられなかったけれど、みなさんは伝えることができますね。自分のことを思ってくれる方に向けて、伝えたいことを書きましょう。

> **評価のポイント**
>
> 本時の指導の意図は、児童が登場人物に自我関与して、自分への愛情に気付き、感謝しようとする気持ちを育てることである。児童が、自分への愛情に気付き、感謝しようとする気持ちについて自分事として考えている学習状態を、発言やワークシートなどから評価する。

主として人との関わりに関すること

きつねとぶどう

主　題	内容項目	主として人との関わりに関すること
気持ちのよい言葉遣い	B　礼儀	

第1学年

たけしの電話

日文②
※②：第2学年掲載

出典　文部省「小学校道徳の指導資料とその利用1」

1　ねらい

　日常生活における気持ちのよい言葉遣いの心地よさを味わい、気持ちのよい挨拶や言葉遣いを心がけようとする道徳的実践意欲をもたせる。

2　主題設定の理由（指導観）

●ねらいとする道徳的価値（価値観）

　人との関わりの基本となる習慣の形成に関するものである。相手の人格を尊重し、相手に対して敬愛する気持ちの表れを具体的に示すことで、そのよさが認められる。人との関わりの中で、どのような振る舞いが心地よさを感じるのか考えさせたい。

●児童の実態（児童観）

　低学年では、様々な要素が含まれる礼儀の中でも、気持ちのよい挨拶や言葉遣い、話の聞き方など具体的な振る舞い方を取り上げたい。この段階では、よりよい体験を積み重ねることで、相互が感じる心地よさを味わうことが大切である。

3　教材について（教材観）

●教材の概要

　家にかかってきた電話に立派な態度で応対したたけしは、電話の相手や母に褒められる。ほめられることで気持ちがよくなり、さらに頑張ろうと意欲をもったたけしの気持ちが表れている教材である。

●教材活用の視点

　気持ちのよい挨拶は相手の気持ちをよくし、それが自分にも返ってくることが実感できる。低学年の児童は、気持ちのよい挨拶や言葉遣いを模倣することが楽しいと感じる時期である。形を実践したことで得られる心地よさから礼儀に伴う心がけを学ぶことも、この時期だからこそ必要である。具体的な体験を通して実感的に理解を深めさせたい。

4　指導のポイント

　動作化をして、実際の場に応じた挨拶の仕方や電話の応対などを体験的に学ぶ。様々な機会に、保護者や地域の方などにも参加していただくこともよい。気持ちのよい挨拶や態度を指導する場が、授業だけでなく、家庭・地域にも広がっていくことが期待できる。

学習指導過程

	学習内容	指導上の留意点
導入	1　丁寧な言葉や態度で挨拶すると、どんな気持ちになるのか、実際の場面を想定して考える ○２人組になって、場面に合わせた挨拶をして、互いの気持ちを考えよう。（立場を交代して双方を動作化した後、感想を交流する） ①友達の家に遊びに行ったとき、相手のおうちの方と ②教室で友達に落し物を取ってもらったとき ③家に友達のお母さんから電話がかかってきたとき	・場面や相手によって挨拶の言葉が変わることを少し意識させる。 ・ねらいとする道徳的価値への方向付けのために、自分の経験を思い出す。
展開	2　『たけしの電話』を読んで話し合う ＊たけしの考えや気持ちを想像しよう。 ○こまつ君のお母さんにほめられたと聞いたたけしは、どんな気持ちだったのだろう。 ・ほめられてうれしいな。 ・これからも、きちんと話できるようにしよう。 ◎こまつくんのお母さんは、どんな思いでほめてくれたのだろうか。 ・丁寧な言葉遣いだった。 ・話していて、気持ちよかった。 ・丁寧な言葉を話すことで、相手を大切に思っていることが伝わった。 ○間違い電話の後に「これからもまかせて」と言ったときのたけしは、どんな気持ちだったのだろう。 ・今度は、ほめられなくて残念だったな。 ・間違い電話でも、丁寧にお話しなくちゃ。 ・また、電話がかかってくるといいな。 3　あいさつをした経験を振り返る ○友達や先生に、どんな挨拶をしていたか。 ・朝会った友達に、おはようと言った。 ・先生に会ったら、おはようございますと言った。 ・してもらったら、ありがとうございますと言った。	・ほめられてやる気が出ている（外発的動機付け）たけしの気持ちを考えさせる。 ・なぜほめてもらえたのか考えることを通して、話し相手への意識を喚起する。 ・ほめられなくても丁寧な言葉遣いをしようとする意欲をもった、たけしの思いを考えさせる。 ・実際の場面に応じた場面絵を用意して、想像しやすくする。
終末	4　教師の説話を聞く	・教師自身が明るく挨拶されてうれしかった経験談を話す。

たけしの電話

板書計画

行動が内面に作用することを表す板書構成

　自分の行動が相手に伝わり、それが次の自分の行動につながっていく様子を矢印で表して板書する。

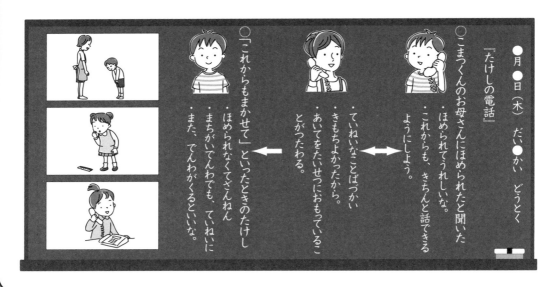

授業の実際

1　形が心を形成する

T　こまつ君のお母さんは、どんな思いでほめてくれたのでしょう。

C　「ぼく」がていねいな言葉で電話をしてえらいね。

T　どうして、ていねいな言葉だと、ほめてもらえるのかな。

C　ていねいな言葉遣いは、気持ちよくなるからです。

T　誰が気持ちよくなるのかな。

C　こまつ君のお母さんです。

C　「ぼく」もだと思います。なぜかというと、こまつ君のお母さんが優しい言葉遣いだから、ぼくも優しい気持ちになります。

T　ていねいな言葉遣いをすると、お互いに優しい気持ちになるのですね。

2　体験を通して考える

T　2人組になって、友達のおうちにお邪魔するときの様子を演じてみましょう。
　はじめに、2人に見本として演じてもらいます。

C1　（友達のお母さん役）ようこそいらっしゃいました。さあどうぞおあがりください。

C2　（子ども役）はじめまして。僕は○○です。おじゃまします。

T　挨拶してどんな気持ちがしましたか。
　C1さん、どうぞ。

C1　ていねいな言葉で自己紹介して、気持ちがよい子だなと思いました。

C2　「ようこそ」と言ってもらえて、うれしかったです。

T　見ている人は、どう感じましたか。

C　聞いていて気持ちのよい言葉遣いで、2人とも笑っていたので、遊びに行くのがう

体験的な学習のポイント

場に応じた挨拶の仕方を動作化することで、相手や自分の思いを体験する。

演じ終わったら、役割を交代してもう一方の役も演じる。最後に、どんな思いをもったか、感想を伝える。

教師は司会役をする。2人に指示を出したり、2人の演技の意図を解説したりする。

観衆にも見て感じたことを伝えさせる。立場により様々な思いをもつことが分かり、多面的・多角的なものの見方へとつながる。

れしくなるなと思いました。
C 2人とも笑顔でゆっくり話していたので、相手の気持ちが伝わったと思います。
T よく見ていましたね。話すときの表情や、話す速さも大切なのですね。それでは、みんなも演じてみましょう。
（隣同士で向かい合い、動作化する）
T それでは、役を交代して演じてみましょう。（役割を交代して、両者の気持ちを体感させる）
T 演じてみて、どんな気持ちがしましたか。
C 笑顔で話すのが難しかったです。
C でも、一生懸命話してくれるので、うれしくなりました。
C 笑顔で聞いてくれたので、落ち着いて話せました。
（場面②：教室で友達に落し物を取ってもらったとき、場面③：家に友達のお母さんから電話がかかってきたとき、も同じように演じて感想を聞く）
T ていねいな言葉遣いをしたり、笑顔で話したりすると、相手に自分の気持ちが伝わって、優しい気持ちになれることが分かりました。

> ……… 評価のポイント ………
>
> 教材を通じて学ぶ、礼儀正しい態度をとることで感じる心地よさを、動作化で体感し、深めていく。話合いの際の発言だけでなく、動作化に取り組む様子や感想を聞いて、礼儀正しくしようとする道徳的実践意欲を把握したい。

主として人との関わりに関すること

たけしの電話

主題	内容項目	主として人との関わりに関すること
友達と助け合って	B 友情、信頼	

第1学年
二わのことり

東書／学図／光村／日文／光文／学研／廣あ

出典 文部省「小学校道徳の指導資料第2集第1学年」

1 ねらい

友達と仲よくし、助け合おうとする心情を育てる。

2 主題設定の理由（指導観）

●ねらいとする道徳的価値（価値観）

友達関係により、学校生活の充実が方向付けられることもある。一緒に勉強したり、仲よく遊んだり、困っている友達のことを心配し合ったりする経験を繰り返して、友達と仲よくし、助け合うよさを実感できるように指導したい。

●児童の実態（児童観）

児童は、友達と一緒に活動することを通して、仲よくすることの楽しさや大切さを体得するようになってきている。一方で、友達の立場や状況を考え、助け合うことが難しい場合もある。友達の立場や状況を考え、助け合うことのよさを考えさせたい。

3 教材について（教材観）

●教材の概要

みそさざいは、やまがらから「たんじょう日にきてください」という手紙をもらう。その日は、うぐいすの家で音楽会の練習がある日だった。やまがらの家は山奥にあり、うぐいすの家は明るい梅の林にある。どちらに行くか悩むみそさざいだったが、うぐいすの家に行くことに決める。しかし、うぐいすの家でみんなと一緒に過ごしていても全く楽しくない。みそさざいは、うぐいすの家をこっそり抜け出してやまがらの家に行く。やまがらは、みそさざいの姿を見て、涙をぽろっとこぼし、喜ぶのだった。

●教材活用の視点

友達を助け合う心情を支えている考え方、感じ方を問題として、学級全体で追求していく。友達の立場や状況を考え、助け合うことのよさを考えさせるために、児童をみそさざいに自我関与させて、やまがらの涙を見たときの思いを考えられるようにしたい。

4 指導のポイント

友達を助け合う心情を支えている考え方、感じ方を問題として、問題解決的な学習を展開する。導入で友達がいてよかったと思う経験を想起させ、学習課題をを提示する。『二わのことり』を通して追求させ、一人一人の解決を図る。

学習指導過程

	学習内容	指導上の留意点
導入	1　友達がいてよかったことを想起し、発表し合う ・一緒に遊ぶとき。 ・分からなかった勉強を教えてくれた。 ・泣いているときに「大丈夫」と言ってくれた。	・友達と一緒に過ごして仲良くすることや助け合ったりすることを想起させる。 ・ねらいとする道徳的価値への導入とする。
	ともだちとなかよくしたりたすけあったりしているときどんなきもちやおもいがあるでしょう。	
展開	2　『二わのことり』をもとに、問題解決を図る ○やまがらから「おたんじょう日にきてください」と手紙が来たとき、みそさざいはどんな気持ちだったか。 ・お誕生日をお祝いしたいな。 ・みんなは、来てくれるのかな。 ・どうしようかな。 ○うぐいすの家かやまがらの家、どちらの家に行こうかと悩んでいるみそさざいは、どんなことを考えたか。 【うぐいすの家に行こう】 ・みんなと一緒にうぐいすの家に行きたいな。 ・うぐいすの家の方が楽しそうだ。 【やまがらの家に行こう】 ・誕生日なのに、1人で過ごすのは寂しいだろうな。 ・みんなが来るのを待っているんだろうな。 ◎涙を流して喜んでいるやまがらを見て、みそさざいは、どんな思いだったでしょうか。 ・やっぱり、やまがらの家に来てよかった。 ・さみしい思いをさせてしまってごめんね。 ・もう、ぼくが来たから大丈夫だよ。 3　友達と助け合ったときの考えや思いを振り返る ○友達と助け合ったことはありますか。どういう思いがありましたか。	・友達を助け合う心情を支えている考え方、感じ方を自分事として考えられるようにする。 ・友達について考えるときの思いを自分との関わりで考えられるようにする。 ・自分の思いを優先することと友達を心配し助け合うことで迷い、悩む思いを自分事として考えさせる。 ・どちらの家に行こうか迷い、悩む思いを考えさせるために、みそさざいのペープサートを動かしながら考えさせる。 ・友達を助け合う心情を支えている考え方、感じ方を自分事として考えさせる。 ・友達と助け合うときの感じ方、考え方を自分との関わりで考えさせるために役割演技を行う。
終末	4　教師の説話を聞く	・友達と助け合った経験を話す。

主として人との関わりに関すること

板書計画

児童の自我関与を促す板書構成

　ペープサートを用いて「みそさざい」の動作を黒板上で行い、どちらに行くか思い悩む心情を児童に考えさせられるような板書を構想する。

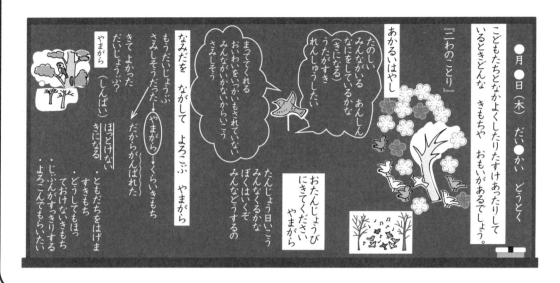

授業の実際

1　問題設定の実際

T　小学校に入学して、毎日お友達と一緒に過ごしていますね。お友達がいて、よかったなと思うことは、どんなときでしょうか。

C　一緒に遊んでいるときです。

T　お友達と一緒に遊ぶと楽しいですね。1人だとつまらないですよね。

C　一緒に勉強しているときです。

T　毎日学校で勉強していますよね。一緒に勉強していて、どんなときに、友達がいてよかったと思いますか。

C　分からないところを教えてくれるときです。

T　自分が分からなくて困っていると、お友達が教えてくれることがありますね。お友達が助けてくれたり、お友達を助けたりすることもありますね。

　さて、友達と一緒に過ごして、仲よくしたり、困っているときに助け合ったりするときは、どんな気持ちや思いがあるのでしょうか。今日は、このことをみんなで考えていきましょう。

（問題のカードを提示）

> ともだちとなかよくしたりたすけあったりしているときどんなきもちやおもいがあるでしょう。

　今日は、『二わのことり』という話で、この問題を考えていきます。「みそさざい」「やまがら」「うぐいす」が出てきます。（ペープサートで紹介）「みそさざい」がお友達のことで、いろいろ考えます。どんなことを考えたり、感じたりしたのか、みんなで話し合いましょう。

（教材提示）

体験的な学習のポイント

役割演技を通して、助け合うことのよさについて自分事として考えさせる。

学習課題について、「友達のことを励ます気持ち」「友達に喜んでほしい気持ち」などの考え方や感じ方を導き出し、これらをもとに一人一人が自分自身の考えや思いを振り返る。

児童の実態から、友達の立場や状況を考え、助け合うことのよさを考えさせたいと思い、友達を助け合う心情を支えている気持ちや思いを問題にする。

友達と助け合うとき感じ方、考え方を自分との関わりで考えさせるため、教師はみそさざいの役を演じる。即興的な演技を通して、助け合うことのよさについて考えを深めさせる。

2 問題解決から個々のまとめ

T　みそさざいは、やまがらの涙を見て、どんな思いだったでしょうか。実際に向こうから飛んできましょう。
C　もう大丈夫だよ。泣かないでね。
C　今から、お誕生日のお祝いしようね。
C　やまがらさんは1人でいるのかなと思ったら、こっちに来たくなったよ。
C　やまがらさんは、いつも寂しいと思ったよ。だから私は、頑張れたよ。
T　やまがらさんが寂しいから、頑張れたというのは、どんなことでしょう。
C　1人ぼっちだから、行ってあげたいなと思ったと思います。
T　なるほど。1人ぼっちだから、気になってしまうことや、ほうっておけない気持ちになったのでしょうね。「もう大丈夫だよ」と励ます気持ちや「誕生日のお祝いをしよう」と喜んでほしい気持ち、「来てよかった」というすっきりした思いや「気になってしかたないよ」という友達を心配する気持ちなど、みそさざいのいろいろな思いがあったのでしょうね。
T　今度は、みなさんが友達と助け合ってよかったなと思ったことについて振り返ってみましょう。

> **評価のポイント**
>
> 本時の指導の意図は、児童が主人公に自我関与して、友達の立場や状況を考え、助け合うときの思いを考えることである。
> 児童が、友達を助け合う心情を支えている気持ちや思いを自分事として考えている学習状況を役割演技や発言などから把握する。

二わのことり

主　題	内容項目	主として集団や社会との関わりに関すること
みんながつかうものは	C 規則の尊重	

第1学年
きいろいベンチ

東書② 学図②
教　出 光村②
光　文 学研②
廣あ②

※②：第2学年掲載

出典 文部省「小学校道徳の指導資料とその利用1」
文部科学省「わたしたちの道徳　小学校1・2年」

1　ねらい

約束やきまりを守り、みんなが使うものを大切にしようとする心情を育てる。

2　主題設定の理由（指導観）

●ねらいとする道徳的価値（価値観）

人が生活していく上で必要な約束や法、きまりの意義を理解することは大切である。同様に、共同生活を営む上で重要な公徳心についてもその意義を考えさせることが大切である。みんなで使う場所や物を進んで大切にしていくことの重要性を意識させながら生活させたい。

●児童の実態（児童観）

児童は、みんなで使う場所や物を大切にすることのよさを理解できるようになってきている。一方で、公徳を守ろうとすることの難しさについては考えた経験が少ない。本時では人間理解を意図し、公徳を守ることの難しさについて考えさせたい。

3　教材について（教材観）

●教材の概要

降り続いた雨がやみ、たかしとてつおは近くの公園へ紙飛行機を飛ばしに出かけた。できるだけ遠くに飛ばそうと、ベンチに土足で上がり、そこから紙飛行機を飛ばす。ブランコ遊びをしている途中、5歳くらいの女の子が、2人が土足で汚した泥だらけのベンチに座り、スカートを汚してしまう。おばあさんがその女の子のスカートについている泥を拭いてあげるのを見て、たかしとてつおの2人は「はっ」と顔を見合わせた。

●教材活用の視点

本資料には、意図せずに公徳を守れなかった登場人物が他者に迷惑をかけたことを知って自分の行動を振り返る姿が鮮明に描かれている。この場面を中心発問として、公徳を守れなかったときの感じ方や考え方を出させたい。

4　指導のポイント

人間理解を意図し、公徳を守れなかったときの感じ方や考え方を十分に出させるため、登場人物への自我関与を中心に学習活動を展開する。導入段階では、みんなで使うものをたくさん出させ、そのうえで『きいろいベンチ』を通して道徳的価値の理解を図りたい。

学習指導過程

	学習内容	指導上の留意点
導入	1　公徳に関わる自分たちの経験を発表し合う みんなで使うものにはどのようなものがあるか。 ・遠足で使った電車。 ・公園で遊んだブランコ、シーソー。 ・学校で使う机やいす。	・身の回りにはみんなで使うものがたくさんあることを認識させ、本時の学習への問題意識を高めさせる。
展開	2　『きいろいベンチ』を読んで話し合う ○ベンチの上から紙飛行機を飛ばして遊んでいる2人はどのような気持ちだったか。 ・楽しいなあ。 ・高いところから飛ばすと遠くまで飛ぶな。 ・いいことを思いついたな。 ・やってしまっていいのかな。 ○ベンチに座って服を汚してしまった女の子はどのような気持ちだったか。 ・汚いなあ。とてもいやな気持ち。 ・だれがやったんだ。 ・他の人も汚れてしまう。 ○自分たちがベンチを汚してしまったことに気付いた2人はどんな気持ちだったか。 ・気まずい。このまま逃げようかな。 ・やらなければよかった。謝ろうかな。 ・ベンチを使う人のことを考えていなかった。 ・みんなで使う物はきれいに使わなければいけなかったな。 3　自分自身を振り返って話し合う ○みんなで使うものを大切にすることができたことがあるか。そのときどんな気持ちだったか。 ○みんなで使うものを大切にすることができなかったことがあるか。そのときどんな気持ちだったか。	・資料の登場人物に共感させやすくするために、黒板を舞台にして、視覚に訴える資料提示をする。 ・ベンチに土足で上がって遊ぶ2人に共感させ、公徳を守れないときの感じ方や考え方を出させる。 ・服を汚してしまった女の子に共感させ、公共物を使用して嫌な気持ちになるときの感じ方や考え方を出させる。 ・ベンチを汚してしまったことに気付いた2人に共感させることで、多くの人が使うものを汚してしまったことに気付いたときの感じ方や考え方を出させる。 ・他者理解を意図し、児童の発言を分類整理することで、多面的に考えられるようにする。 ・導入で出たものについて、どうだったかを振り返らせる。 ・みんなで使うものについて大切に使っていたかどうかを振り返ることができたか。
終末	4　教師の説話を聞く	・公徳心に関する教師の体験談等を話し、本時の道徳的価値についてまとめる。

主として集団や社会との関わりに関すること

きいろいベンチ

板書計画

場面絵を使い登場人物への自我関与を深める板書構成

汚れたベンチと洋服を汚してしまった女の子とおばあさんの場面絵を掲示するとともに、対照的に、自分たちが公徳を守れなかったことに気付いたときの場面絵を掲示する。

授業の実際

1 中心発問で人間理解を図る場面

T 自分たちがベンチを汚してしまったことに気付いたとき、2人はどんな気持ちだったでしょう。
C あそこで飛ばさなきゃよかった。怒られちゃうかも。
T こういう風に思っている人はいますか？
C 紙飛行機で遊んだから。汚れた。
T 飛ばさなきゃよかったという考え方ではない人はいますか？
C ぼくたちは悪いことをしたんだな。
T もう少し詳しく聞かせてください。
C ベンチの上で飛ばさなきゃよかった。今度から気を付けなきゃ。
T どうしてベンチの上で飛ばさなければよかったのですか？
C ベンチは他の人も座るからいけない。
C ぼくたちはただ飛ばしたかった。あとから使う人のことは考えなかった。やらなければよかった。ひどいことをした。
C やっちゃった以上は、ふけばいい。
T どうしてふくの？
C 次の人たちのために。
T もう少し詳しく聞かせてください。
C 次に座る人たちが汚れないようにしなくちゃいけない。
C みんなのことを考えないで使っちゃった。
T みんなのこと？
C 他の人が使う、つまりみんなで使う
T みんなで使う物だから、使い方には気を付けなければいけないですね。
（「みんなでつかうもの」と板書する。）

登場人物への自我関与を中心とした学習のポイント

児童が登場人物に共感し、追体験を行うことができるように授業を構想する。

ポイント①
特に低学年の場合、「何について考える時間なのか」を意識させるために、導入段階で本時に扱う道徳的価値について問題意識を高めることが大切となる。

ポイント②
登場人物に共感させるために、資料提示には、紙芝居、黒板シアター、パネルシアターなど、視覚に訴える工夫も必要である。

ポイント③
児童の実態から、どの部分を中心発問として設定するかを考える。あらゆる場面で公徳心の指導を行ってきているが、公徳を守ろうとすることの難しさについては考えた経験が少ないという児童の実態があったことから、今回はこの部分を中心発問とする。また、展開後段でも、公徳を守れなかった経験を問うことで人間理解を図ることが重要である。

2　展開後段における自分の経験の振り返り

T　次はみなさんのことを考えます。みんなで使う物を大切に使えたことがありますか。
C　ボールを大切に使ったことがある。
C　学校にいる虫を大切にしている。みんなが観察するものだから。
T　みんなが授業の始めに出してくれたものについてはどうかな。
C　白衣を給食当番で使ったら、きれいに洗ってみんなで使っている。
C　竹馬は、使ったら、次の人が使いやすいように正しく片付けている。
T　いろいろな場所で、みんなで使う物について振り返ることができましたね。それでは反対に、みんなで使う物や乗るものなどを大切にできなかったことがありますか。
C　公園の水飲み場を水浸しにした。
C　公衆トイレを汚してしまった。
T　みんなで使う物は大切にしなければいけないと分かってはいるけど、できないこともありますよね。

> **評価のポイント**
> 本時は公徳を守れないことについて自分との関わりで考えることを意図して行う。そのため、児童が公徳を守れなかったときの感じ方や考え方を交流する中で、他者理解を深め、一面的な見方から多面的・多角的な見方をしたか、また、展開後段の部分などで、道徳的価値を自分との関わりの中で深めたかを発言やワークシートなどから評価する。

きいろいベンチ

主　題	内容項目	主として集団や社会との関わりに関すること
みんな いっしょ		C 公正、公平、社会正義

第1学年

およげないりすさん

光村② 学研②
廣 あ
※②：第2学年掲載

出典　文部省「小学校道徳読み物資料とその利用3」
　　　文部科学省「わたしたちの道徳　小学校1・2年」

1　ねらい

　自分の好き嫌いにとらわれず、誰に対しても公正、公平に接しようとする態度を育てる。

2　主題設定の理由（指導観）

●ねらいとする道徳的価値（価値観）

　誰に対しても分け隔てなく接し、偏ったものの見方や考え方を避けるよう努めることが大切である。日常の指導で公正、公平な態度に根差した具体的な言動を取り上げたり、偏見や差別的な言動については是正したりするなど公正、公平に接することのよさを実感できるように指導したい。

●児童の実態（児童観）

　児童は学校生活に慣れ、友達同士のつながりを深めている。しかし、自己中心的に考え、異なる考え方を否定する傾向がある。また、自分の好き嫌いで友達を選んだりすることがある。分け隔てなく誰とでも進んで関わりをもち、公正、公平に振る舞うことの大切さに気付かせていきたい。

3　教材について（教材観）

●教材の概要

　ある日、あひる、かめ、白鳥が、池の中の島で遊ぶことになった。りすがやってきて、一緒に遊びたいから連れて行ってと頼むが、泳げないからという理由で断られてしまう。しかし、島で遊んでいるみんなは、りすのことが気になり楽しく遊べなかった。次の日、りすに昨日のことを謝り、かめの背中にりすをのせてみんなで中の島へ遊びに行く。

●教材活用の視点

　誰に対しても公正、公平に振る舞うことについて役割演技を行い、学級全体で考えを深めていく。児童をりすやその他の動物に自我関与させて、仲間外れにされた側、仲間外れにした側の気持ちや思いを発表させ、公正、公平にすることのよさを考えられるようにしたい。

4　指導のポイント

　導入でアンケートを紹介し、本時のねらいとする内容を身近なこととしてつかませやすくする。中心発問では、教師のインタビュー形式で表現活動を取り入れた学習を展開する。登場人物の言動を演じることを通して、感じ、考えたことを生かし、ねらいとする道徳的価値について話し合うようにする。また、終末で児童の「なかよしのはっぱ」を紹介し、日常生活と結び付け、公正、公平に接する態度を育てたい。

学習指導過程

	学習内容	指導上の留意点
導入	1　事前アンケートの結果を示し、本時の内容をつかむ ○事前アンケートの結果について、仲間はずれを見たことがあるか。不公平だなと思ったことがあるか。	・事前アンケートを紹介し、身の回りの身近なこととして捉え道徳的価値の方向で付けをする。
	みんながたのしくすごすために大せつなことについてかんがえよう。	
展開	2　『およげないりすさん』を聞いて話し合う ○ひとりぼっちのりすさんはどんなことを思ったでしょう。 ・1人はさみしいな。かなしいな。 ・泳げたらよかったのに。 ・一緒に遊びたいな。 ◎島で遊んでいる動物たちはどんなことを考えていたのでしょう。 ・なんだか楽しくないな。 ・りすさんがいないとさみしいな。 ・りすさんどうしているかな。 ・一緒に遊べばよかった。 ・ひどいことを言ったな。 ○島にみんなで向かったとき、あひる、かめ、白鳥、りすは、どんなことを思ったでしょう。 ・りすさんが許してくれてよかった。 ・みんなと一緒に行けて、うれしい。ありがとう。 ・やっぱりみんなで遊ぶとたのしいね。 ・みんなで遊ぶ方法を考えてよかった。	・登場人物に自我関与しやすくするために、パネルシアターで教材提示する。 ・泳げないことで仲間はずれにされたりすの心情を語らせ、中心発問での価値の追求を考えやすくする。 ・多くの感じ方や考え方を引き出すために意見を交換した後、自分の考えと比較しながら友達の役割演技を見させる。 ・どうすればよかったのかを問い、自分との関わりで道徳的価値を捉えさせる。 ・多面的・多角的に考えられるよう、それぞれの立場からの考えを分かりやすく板書する。
	なかまはずれをせず、だれにたいしてもおなじようにふるまうこと。	
	3　これまでの生活を振り返り、発表し話し合う ○仲間はずれをせず誰に対しても同じように接したことはありますか。そのときの考えや思いを振り返りましょう。	
終末	4　教師の説話を聞く	・これからの生活につなげられるように、「なかよしの木」の中から児童が書いた「なかよしはっぱ」を紹介する。

主として集団や社会との関わりに関すること

板書計画

公平、公正にすることのよさを考えさせる板書

　１人でいるときと皆でいるときの心情を対比して、分け隔てなく誰に対しても公平、公正に接することのよさを児童に考えさせるように構成する。

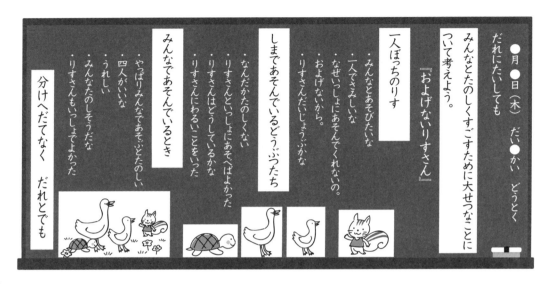

授業の実際

１　役割演技の実際

T　ひとりぼっちのりすさんはどんなことを思ったでしょう。
C　かなしい。
C　１人でさみしいな。
C　みんなと遊びたいな。
C　なんで遊んでくれないの。
T　島で遊んでいるどう動物たちはどんなことを考えているでしょう。
C　なんか、楽しくないな。
C　いつもと違う。
C　りすさんがいないとさみしいな。
T　動物たちになって、お話ししてください。

（あひる、白鳥、かめの役割演技）
C　なんかいつもとちがうね。
C　りすさんがいないと楽しくないね。
C　りすさんどうしてるかな。
C　意地悪言わなければよかった。
C　明日りすさんと一緒に遊ぼう。
C　うん。
C　ぼくが背中に乗せて泳ぐよ。
C　うんそうしよう。

（他グループ発表）
T　いつもと違うとはどういうことかな。
C　いつもは楽しいのに、あまり楽しくない。
C　りすさんに意地悪言ったから楽しくない。
C　せっかく遊んでいるのに、ざんねんだった。
C　りすさんがさみしそうだったから。
T　自分たちが楽しくないということと、りすさんのことを考えるととは違うね。
　　意地悪というのは、泳げないことを理由に仲間はずれをしたことですね。次の日は、泳げないりすさんも一緒に遊べる方法を考えたんだね。

登場人物への自我関与を中心とした学習のポイント

児童が自分との関わりで考えることができるように授業を展開する。

事前アンケートの結果を提示することで、問題意識を高め、自分との関わりで考えることができるようにする。

役割演技を通して感じたことや考えたことを生かして、話し合う。観客の児童には、自分の考え方との違いを考えながら見るという視点を与え、価値理解・他者理解を深めることができるようにする。

仲間外れにされたりすの気持ちを考えることで、相手の痛みに気付き、みんなが楽しく過ごすためには、公正、公平の実現が大切であることを捉えるようにする。

ペープサートを使い、教材へ関心を高め、場面の様子を捉えて登場人物の心情を考えやすくするようにする。

2 道徳的価値を深めるための発問と反応

T 次の日、みんなで島に行って遊んでいるときどんなことを思ったでしょう。
C りすさんがいなかったときより、すごく楽しい。
C 3人よりみんなでいる方が楽しいな。
T 人数が多いから楽しいのかな。
C 人数が多いと、アイデアが湧くし、いろいろな話ができるから。
T では、りすではなくてもいいということかな。
C 今日は、りすさんと一緒だから楽しい。
C 昨日は、りすさんをひとりぼっちにしていたけど、一緒に遊べるから楽しい。
C りすさんが、にこにこしているから楽しい。
T 今日はりすさんのことを考えて、泳げなくても仲間はずれにしなかったんだね。悲しそうなりすさんでなくて、にこにこのり

すさんがいるから楽しいんだね。
C りすさんを背中に乗せて来てよかった。
T みんなで遊ぶ方法を考えたからよかったんだね。
（事前アンケートを提示）
T アンケートでも聞いたけれど、仲間はずれや不公平をしたくなったけどこのように止めたことはありますか。

---------- 評価のポイント ----------
本時の内容項目を自分事として捉えているか、多面的・多角的に捉えているか。分け隔てなく誰とでも進んで関わりをもち、公正、公平に振る舞うことについて考えていたか。（発言・ワークシート）

主として集団や社会との関わりに関すること

およげないりすさん

主　題	内容項目	主として集団や社会との関わりに関すること
みんなのためにお仕事を	C 勤労、公共の精神	

第1学年
森のゆうびんやさん

教出　日文②
※②：第2学年掲載

出典　文部科学省「小学校道徳読み物資料集」
　　　　文部科学省「わたしたちの道徳　小学校1・2年」

1　ねらい

働くことのよさを感じて、みんなのために働こうとする心情を育てる。

2　主題設定の理由（指導観）

●ねらいとする道徳的価値（価値観）

低学年の段階では、仕事を楽しいと感じている児童が多い。その実態を生かして、仕事をして周りの人の役に立つことのうれしさ、やりがい、それを通して自分自身の成長などを感じられるようにすることが大切である。本時では、児童に働くことのよさを感じることができるよう指導したい。

●児童の実態（児童観）

係や当番の仕事を楽しみながら進んで行う児童がいる一方、学校生活に慣れてきたせいか、自分の仕事を忘れてしまい、友達に迷惑をかけてしまう児童もいる。働くことで周りの人の役に立つうれしさ、やりがいを感じさせ、働くことのよさについて考えさせたい。

3　教材について（教材観）

●教材の概要

郵便屋のくまさんは、森のみんなのことを考えて仕事に励んでいる。くまさんは、1軒1軒声をかけながら配達し、森のみんなを訪れて森の様子を伝え、みんなに喜んでもらおうという気持ちをもって仕事に取り組んでいる。1日の仕事を終えて、ポストを見ると1通の手紙が入っていた。それは、いつも休まずに郵便を配達してくれるくまさんへの感謝の手紙だった。

●教材活用の視点

みんなのために働くくまさんの気持ちを考えさせることで、働くことのよさを感じさせるとともに、みんなのために働こうとする意欲を高めることのできる教材である。本授業では、くまさんに自我関与させ、道徳的価値について深められるようにするために役割演技を行い、みんなのために働くことのよさを考えられるようにしたい。

4　指導のポイント

働くことのよさを感じて、みんなのために働こうとする心情を育てるのために、道徳的行為に関する体験的な学習を行う。展開前段で、みんなのために働いて感謝されたときの気持ちを考えさせるために役割演技を行い、働くことのよさについて考えを深める。

学習指導過程

	学習内容	指導上の留意点
導入	1　仕事について想起し、発表し合う ○どんな仕事があるか。 ・お医者さん　・警察官　・給食当番　・掃除当番	・写真を見せながら、社会・学級・家族の人々のための仕事について想起させ、仕事に対する視野を広げる。
展開	2　『森のゆうびんやさん』を読んで話し合う ○1軒1軒声をかけながら手紙を配達するくまさんはどんな気持ちだったか。 ・お仕事は大変だな。 ・みんなは元気かな。 ・大事なお手紙だからちゃんと届けなきゃ。 ・お仕事ができてうれしいな。 ◎雪の日に、やぎじいさんに小包を届けて「ありがとう。」と言われたときのくまさんはどのような気持ちだったか。 ・喜んでくれてよかった。 ・他の人にもちゃんと届けよう。 ・お仕事だから頑張ろう。 ○森のこりすからの手紙を読んでいるとき、くまさんはどんな気持ちだったか。 ・みんなの笑顔が見たい。 ・仕事だからやらなければならない。 ・仕事をするとうれしい気持ちになる。 ○みんなのために働いて、よかったことはあるか。そのとき、どんな気持ちだったか。	・児童が登場人物に自我関与し、自分事として考えられるように、黒板シアターで教材提示を行う。 ・みんなのために働くときの感じ方・考え方を出させるために、手紙を配達するくまさんの気持ちを考えさせる。 （役割演技） ・児童がくまさん、教師がやぎじいさん役になり、くまさんが郵便を届けて「ありがとう。」と言われたときの気持ちを考えさせる。 ・見ている児童にも感想を聞き、郵便を届けて「ありがとう。」と言われたときの気持ちを考えられるようにする。 ・働くことで周りの人の役に立つうれしさ、やりがいについて考えることができるように、手紙を読んでいるときのくまさんの気持ちを自分との関わりで考える。
終末	4　教師の説話を聞く	・教師自身が働くことのよさについての経験談を話す。

主として集団や社会との関わりに関すること

森のゆうびんやさん

板書計画

登場人物に自我関与し、自分事として考えられる板書

本時では「働くことのよさ」について、登場人物に自我関与して考えることができるようにするために、板書から雪の日もみんなのために働くくまさんの様子が分かるようにする。

授業の実際

1　役割演技の実際

T　それでは、くまさんが郵便を届けて「ありがとう。」と言われたところをやってみましょう。先生が、やぎじいさん役をやります。
（役割演技）
※雪の日にようやく家にたどりついたところから役割演技を行う。
C　郵便ですよ。
T　雪の日に大変じゃなかったですか。
C　大変でした。
T　大変だけど届けてくれたんですね。
C　お孫さんからの大切な贈り物なので。
T　くまさん、本当にありがとう。
C　どういたしまして。

T　「ありがとう。」と言われてどんな気持ちでしたか。
C　うれしい。

T　見ていた人はどうですか。
C　大変だけど、届けてよかった。
C　やぎじいさんがよろこんでくれてうれしい。
T　そうですね。でも、この日は雪でしたね。山道を登っていってようやくやぎじいさんの家につきました。大変そうですね。
C　大変だと思う。
T　でも、郵便を届けたのですね。
C　やらなきゃいけないことだから。
C　みんなが喜ぶから。

※児童が多面的・多角的に考えることができるように、教師が児童に考えさせたいことを明確にもち、児童に問いながら授業を進める。

体験的な学習のポイント

演技を行う児童も見ている児童も自分事として考えられるようにする。

登場人物に自我関与し、自分事として考えることができるようにするために、場面の背景を表した黒板を使ったり、ペープサートを使ったりして役割演技を行う。

見ている児童にも感想を聞き、親切にしたときの気持ちを考えられるようにする。

2　展開後段

T　森のこりすからの手紙を読んでいるとき、くまさんはどんな気持ちだったでしょう。
C　みんなの笑顔が見たい。
T　みんなってだれですか？
C　やぎさん。
T　やぎさんだけですか？
C　他の動物も、森の動物みんな。
T　なるほど。他にありますか？
C　仕事だからやらなければならない。
T　やらなければいけないことだからでしょうか。責任をもってやるのは大事ですね。
C　仕事をするとうれしい気持ちになるから。
T　仕事をするとうれしい気持ちになるんですね。大変でもうれしい気持ちになるのでしょうか？
C　大変でも、届けた人が喜んでいるのを見るとうれしい。
T　なるほどね。それでは、みなさんはどうですか。みんなのために働いてよかったことはありますか。また、そのときはどんな気持ちでしたか。

評価のポイント

　本時の指導の意図は、児童が主人公に自我関与して、働くことのよさを感じて、みんなのために働こうとする思いを考えることである。

　児童が、働くことのよさについて、自分のこととして考えている学習状況を発言やつぶやき、ワークシートなどから把握する。

森のゆうびんやさん

主題	内容項目	主として集団や社会との関わりに関すること
たいせつなかぞく		C 家族愛、家庭生活の充実

第1学年　　　　　　　　　　　　　　　　　　　　　　　　日 文

おかあさんのつくったぼうし

出典　文部省「小学校道徳の指導資料第1集第2学年」

1　ねらい

家族の愛情に気付き、家族を敬愛しようとする心情を育てる。

2　主題設定の理由（指導観）

●ねらいとする道徳的価値（価値観）

家庭生活には、人が幸せを感じる瞬間が多くある。家族からの愛情に気付き、家族への感謝の気持ちをもつことは家庭生活を充実させるために大切である。父母や祖父母が、自分の成長を願い、無私の愛情で育ててくれていることに気付かせ、敬愛の念を育てたい。

●児童の実態（児童観）

親からの愛情は常に感じながら生活をしている児童が多い。ときには叱られて嫌だと感じることがあっても、自分のことを思ってくれていることは深いところで受け止めている。他でもない自分の家族からの愛情に触れ、「家族の一員としての自分」について考えさせたい。

3　教材について（教材観）

●教材の概要

アンデルスは、お母さんに新しい帽子を編んでもらい、外へ出かけた。御殿の中へ入れてもらうと、たくさんのごちそうをもてなしてもらった。王女様に「ぼうしをぬいでめしあがれ。」と言われるが、アンデルスは帽子を決して取ろうとはしない。さらに、王様には「かんむりととりかえてくれ。」と言われてしまう。これを聞いたアンデルスは、御殿を飛び出し、帽子を押さえたままうちへかけこんだ。アンデルスがお母さんに「おかあさんのつくったぼうしがいちばんだよ。」と伝えると、お母さんはアンデルスを強く抱きしめた。

●教材活用の視点

本教材を通して、お母さんの作った帽子を大切にしているアンデルスに自我関与させて、何気ない日常の中にある家族からの愛情、そして家族への愛情について考えさせたい。お母さんの作った帽子でなければならなかった思いを、じっくりと考えられるようにしたい。

4　指導のポイント

王様との場面では、体験的に主人公に自我関与させることで、他の誰でもないたった1人のお母さんが作ってくれた帽子だからこそ大切であるという主人公のもつ母親への愛情に気付かせたい。中心発問では、母親からの愛情に包まれる幸福感についてじっくりと考えさせたい。

学習指導過程

	学習内容	指導上の留意点
導入	1　家族との日常について振り返る ○今までに家族に何かをしてもらってうれしかったことはありますか。 ・勉強を頑張ったらお父さんにほめてもらえてうれしかった。 ・お母さんに手さげを作ってもらってうれしかった。	・本時の主題への方向付けをするために、家族との日常を想起させる。 ・発言が出にくいときは、具体例を提示するようにする。
展開	2　『おかあさんのつくったぼうし』を読んで話し合う ＊アンデルスの気持ちや思いを想像してみよう。 ○お母さんに帽子を編んでもらったアンデルスはどんな気持ちだったか。 ・新しい帽子だから、うれしいな。 ・この帽子をずっと大切にするね。 ・なんだかお母さんと一緒にいるみたいだな。 ○王様に「とりかえてくれ」と言われたアンデルスはどんなことを考えたか。 ・このままだと、大切な帽子を取られてしまう。 ・早くお母さんのところへ帰らなきゃ。 ・かんむりよりも、お母さんの帽子の方がよい。 ・どんなことがあっても、この帽子は渡さないぞ。 ◎アンデルスは、どんな思いで「おかあさんのつくったぼうしが、いちばんだよ。」と言ったか。 ・お母さん、大好きだよ。 ・やっぱりこの帽子は宝物だよ。 ・世界で1つだけの大切な宝物。 ・お母さん、これからもずっと大切にするからね。 3　これまでの家族との関わりを振り返り、敬愛の気持ちを表現する ○大切な家族にお世話になったことを思い出して、お手紙で気持ちを伝えよう。	・ただ新しいだけでなく、母からもらったから大切にしたいという気持ちを自分事として考えさせる。 ・教師が王様の役を行い、なぜお母さんの作った帽子には意味があるのか、揺さぶりをかけていく。何があっても帽子を守ろうとする気持ちを自分事として考えさせる。 ・主人公に自我関与させて、大切な家族への数えきれない愛情と、家族からの深い愛情に包まれていることを自分事として考えられるようにする。 ・児童の家庭環境に配慮し、手紙の相手は特定せず「家族」が対象であることを伝える。
終末	4　教師の説話を聞く	・教師自身が今でも大切にしている家族との思い出について話す。

主として集団や社会との関わりに関すること

おかあさんのつくったぼうし

板書計画

主人公に自我関与し道徳的価値の自覚を深める板書構成

　主人公の台詞の裏側にある思いを表出させ、教材をもとに自分事として考える学習を促すような板書を構想する。

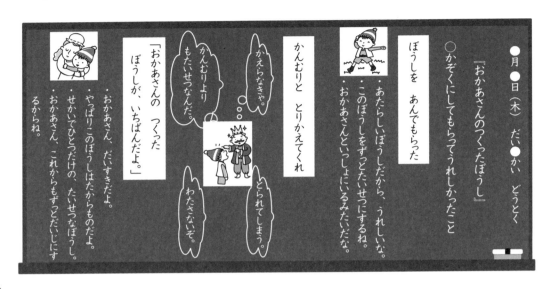

授業の実際

1　教師の有効な受け止めや補助発問

※児童を数名指名し、人数分の椅子と帽子を用意しておきみんなの前で役割演技をさせる。（教師が王様役をする。）
T　王様に「とりかえてくれ」と言われたアンデルスはどんなことを考えたでしょうか。
C　嫌だ。取り替えたくない。
T　どうして取り替えたくないのですか。
C　このままだと、大切な帽子を取られてしまう。
T　かんむりでは大切にできないのですか。
C　できません。お母さんが作ってくれた帽子が一番大切だから。
T　なるほど。お母さんが作ってくれたからこそ、大切だと感じるのですね。
（発言に対して再度発問していくことで自分事として考えることができるようにする。）
C　僕も取り替えたくない。

T　取り替えたら、かんむりをもらえるし、御殿でいっぱい料理も食べられますよ。
C　どんなことがあっても、この帽子は渡さないぞ。
T　どうしてそんなに強く思えるのですか。
C　お母さんの気持ちが帽子にはたくさん詰まっているし、お母さんのことが大好きだから。
T　お母さんからの気持ちがうれしかったのですね。
（このように掘り下げて問うことで、初めはただの演技だった児童も徐々に自分事として考えさせていく。）

体験的な学習のポイント

役割演技の中で主人公を自分事として考える。

ポイント①
家族からの愛情に気付いている児童が多いという実態から、受け取った愛情に対して愛情で返そうという、主人公のぶれない思いに自我関与しやすい発問を構成する。

ポイント②
役割演技を取り入れることで、実際の行動(帽子を押さえるなど)をしたときの主人公の素直な思いに重ねて自分の素直な思いを語ることができるようにする。

ポイント③
主人公になりきった児童の「深い家族愛」に対して、あえて教師側が揺さぶりをかけていくことで、「自分ならどのように断るか」「自分が主人公ならどのように答えるか」「実際の場面ではどのように感じるのか」など、児童の本音を引き出すことができる場面を設定するようにする。

2 中心発問で価値の理解を深める

T アンデルスは、どんな思いで「おかあさんのつくったぼうしが、いちばんだよ。」と言ったのでしょうか。
C お母さん、大好きだよ。
T きっと、その思いを何よりも一番に伝えたくて急いでうちへ戻ってきたのかもしれませんね。
C やっぱりこの帽子は宝物だよ。
T 作ってくれたお母さんの気持ちがすごくうれしかったのですね。
C 世界で1つだけの大切な宝物。
T こんなにお母さんからの愛情が詰まったぼうしは1つだけですね。
C お母さん、これからもずっと大切にするからね。
T 帽子を大切にするということは、お母さんを大切にするということなのですね。

(児童の発言を教師が受け止めることを大切にし、母、自分双方の愛情について考えさせてから振り返りにつなげる。)

> 大切な家族にお世話になったことを手紙で気持ちを伝えよう。

……… 評価のポイント ………
本時の学習の意図は、家族からの深い愛情に気付いた児童が主人公に自我関与して、自分事として考えさせることである。児童が、主人公を通じて自分の家族に対する気持ちを考えている学習状況を補助発問を有効に活用しながら発言やつぶやきなどから把握する。

| 主題 | 内容項目 | 主として集団や社会との関わりに関すること |

よりよい学校生活　　Ｃ よりよい学校生活、集団生活の充実

第1学年
もうすぐ二ねんせい

東書　学図　光文

出典　東京書籍「あたらしい　どうとく１」

1　ねらい

学級や学校の生活を自分たちで楽しくしようとする実践意欲を育てる。

2　主題設定の理由（指導観）

●ねらいとする道徳的価値（価値観）

児童は学級での充実感を味わい、そのことを通して学校への愛着をもつようになる。学級集団に属している自分に気付き、充実した集団生活を構築しようとすることで、学級や学校の生活を一層楽しくしようとする実践意欲を育てたい。

●児童の実態（児童観）

異学年交流や学校行事等を通して、学年としてのまとまりができている。しかし、自分の学級のよさについて考えたり、さらによくしようとする意欲は十分ではない。学級がさらに心地よく、自らの考えを表出できる場所となるようにしたい。

3　教材について（教材観）

●教材の概要

新入生への歓迎の演奏に向けて練習をはじめる。鍵盤ハーモニカや木琴の練習が上手くできなかった翌日、２人の児童が「新しい１年生に上手な演奏をプレゼントしたい。」という思いから練習を始める。そこに、次々に友達が集まってきて、みんなでの練習が始まる。練習が終わると、後ろでずっと見守っていた先生がにっこり笑い、大きな拍手をしてくれる。

●教材活用の視点

「新しい１年生に上手な演奏をプレゼントしたい」という温かな想いから自主的な練習が始まり、学級全体が柔らかな雰囲気に包まれるという心温まる物語である。本時では教材のもつ柔らかな雰囲気を大切にしつつ、自分の学級のさらなるよさを探す活動につなげたい。学級や学校の生活を自分たちで楽しくしようとする考えをさらに発展させるために、本時では問題解決的な学習を取り入れることにした。

4　指導のポイント

学級や学校の生活を自分たちで楽しくしようとする想いや考えを問題として、問題解決的な学習を展開する。そこで、導入段階で自身の学級のよさを考えさせ、その根底にある温かい想いについて『もうすぐ二ねんせい』を通して追究させる。さらに展開後段での自身の学級について考える時間を十分に確保することで、主体的に学級に関わりたいという意欲を育てる。

学習指導過程

	学習内容	指導上の留意点
導入	1 「学級のよさ」について発表し合う ○「学級のよいところ」は、どんなところでしょう。 ・みんなが仲よしなところ。 ・一緒に遊んでくれる。 ・困ったときに助けてくれる。	・事前に教師が調査しておき、児童が考える学級のよさを用意しておく。
	学級のよいところをもっと増やすには、どんなことが大切だろう。	
展開	2 『もうすぐ二ねんせい』をもとに、問題解決を図る ○先生から入学式に演奏することを聞いたとき、どんな気持ちだったでしょう。 ・楽しみだな。 ・上手に演奏できるように練習を頑張ろう。 ・新１年生に喜んでもらえる演奏をみんなでしよう。 ○友達が次々に集まってきたとき、２人はどんな思いだったでしょう。 ・嬉しい。 ・一緒に練習して上手な演奏をプレゼントしよう。 ・みんな同じ気持ちだったんだ。 ◎みんなが演奏の練習を自分たちで始めたのは、どんな思いからでしょう。 ・新１年生に学校を好きになってほしい。 ・私たちの姿を見て、新１年生が安心して学校に来るようになってほしい。 ・私たちなら上手に演奏できるはずだ。 3 自分の学級のよさについて今までを振り返って話し合う ○今までの学級生活を振り返って、「学級のよいところ」をもっと見付けよう。 ・長縄大会で、諦めずに最後まで頑張った。 ・運動会の表現で協力してきれいに演技できた。 ・入学式の演奏を頑張っていて、上手に演奏できるときれいな音が出てうれしい。	・新２年生として学級に与えられた役割に意欲的に取り組もうとする思いを自分事として考えられるようにする。 ・学級の友達が２人と同じ思いをもっていることに対する喜びを十分に感じ取らせる。 ・学級のみんなが練習を始めた根底にある思いについて追究する。 ・補助発問として先生から拍手をもらった喜びについて問うことも考えられる。 ・ワークシートを活用して個人で考えた後、小グループで話し合うことで多様な考え方、感じ方に触れさせる。 ・学級のよさの背景にある思いを意識して考えられるようにする。
終末	4 教師の説話を聞く	・教師自身が学級への想いを語る。

主として集団や社会との関わりに関すること

もうすぐ二ねんせい

板書計画

児童の学校や学級への想いを可視化する板書構想

　学級や学校の生活をより一層楽しくしたいという児童の意欲を促すために、児童一人一人の考えを可視化できる板書を構想する。

授業の実際

1　問題解決から個々のまとめ

T　みんなが演奏の練習を自分たちで始めたのは、どんな思いからでしょうか。
C　上手な演奏がしたいから。
T　どうしてそう思うのかな。
C　新1年生に学校を好きになってほしいから。
T　そうだよね。
C　安心して学校に来てほしい。
T　どうしてそう考えたのかな。
C　たまに泣いちゃう子がいるけど、学校は楽しいところだって教えたい。
T　そうか。みんな新1年生のために演奏を頑張りたいって思ったんだね。
C　友達と一緒なら、絶対に上手に演奏ができると思ったから。
T　なるほど。友達と一緒ならって、みんなのことを信じているんだね。だから頑張れるんだ。素敵なことだね。
C　自分たちで練習して、先生をびっくりさせたかったから。
T　そうだね。びっくりしたと思うよ。先生（授業者）だったらうれしいなぁ。
T　新1年生のことを考えたり、自分たちを信じたりする心があったこの学級は、きっと素敵な演奏を新1年生にプレゼントできたのかもしれないね。
T　みんなも同じように素敵な気持ちがたくさんあるよね。きっと学級のよいところはたくさんあると思うんだよね。授業の始めに聞いたけれど、もっともっとたくさん見付けてみよう。
（個々で考える際、ワークシートを工夫して取り扱うことも考えられる。）

問題解決的な学習のポイント

多様な考え方や感じ方に触れられるように指導を工夫する。

展開後半の指導方法は実態に応じて工夫できる。例えば、個々で書かせてから小グループでミニ板書（小さなホワイトボードなど）に出させる方法や、個々に考える時間を与えてからミニ板書だけを活用することも可能である。また自由に発言させて授業者が黒板でまとめる方法も考えられる。いずれも授業者の意図によるものである。

児童の考えをワークシート（学級のよいところカード）に書かせて掲示した。授業者が価値化（グルーピング）することで児童の多様な考え方や感じ方を可視化する。

児童の考えを可視化する際には、その事象にとらわれずに、根底にある想いを授業者が的確に捉える必要がある。そのために常日頃からの児童理解は欠かすことができない。

2　多様な感じ方・考え方に触れる振り返り

（個人で考える時間）
T　どんな「学級のよいところ」に気付いたかな。教えてくれるかな。
C　長縄大会で、諦めずに最後まで頑張って跳び続けた。
C　運動会で協力してきれいに演技できた。おうちの人にたくさん褒めてもらえたよ。
C　入学式の演奏を頑張っています。きれいな音が出ると嬉しい。
T　具体的なよいところにたくさん気付いたね。他にもたくさんあるかもしれないね。友達の考えをもっと聞いてみよう。
（小グループで話し合う）
T　よいところを教えてください。
C　掃除の時間、みんな教室をきれいにしようと頑張っていました。
C　給食当番や係活動を頑張っています。
T　なるほど。学級のために頑張っている人がいるということですね。
C　けがをしたとき、声をかけてくれました。うれしかったです。
C　鬼ごっこに「入れて」って言ったら、入れてくれたよ。
T　優しい人がたくさんいるね。
（個々の考えを授業者が価値化する）

評価のポイント

本時の指導の意図は、児童に身近な教材を用いて、学級や学校の生活を自分たちで楽しくしようとする意欲を育てることである。児童が自分たちの学級のよさについて意欲的に考えていたり、もっとよくするために何ができるかを主体的に考えているかどうかを学習の様子や発言・記述などで把握する。

もうすぐ二ねんせい

主　題	内容項目	主として集団や社会との関わりに関すること

ふるさとに親しみをもって　　C 伝統と文化の尊重、国や郷土を愛する態度

第1学年

ぎおんまつり

日文②　廣あ②

※②：第2学年掲載

出典　文部省「小学校道徳の指導資料とその利用」
　　　文部科学省「わたしたちの道徳　小学校1・2年」

＊P162では2年生の展開を掲載

1　ねらい

郷土の文化や生活に親しみをもち、進んで地域に関わっていこうとする態度を育てる。

2　主題設定の理由（指導観）

●ねらいとする道徳的価値（価値観）

自分の育った郷土は、人格の形成に大きな役割を果たす。そこで、自分たちの地域おける伝統や文化の素晴らしさについて改めて考えさせたい。そして、自分たちの生活する地域への親しみが増し、愛着をもって生活することにつなげていきたい。

●児童の実態（児童観）

児童は、小学校での生活に慣れ、学習や学校行事など様々なことに意欲的に取り組んでいる。1年生の段階では、地域について扱っている学習はないが、PTAや地域の方との触れ合いもある。

3　教材について（教材観）

●教材の概要

1か月も前から、祇園祭のためにお囃子を習っていた「ぼく」。「やめたい」と思う日もあったが、祇園祭を守ってきた人々の思いを聞いて頑張ることにした。祭の日、「ぼく」の乗ったほこが曲がり角で倒れそうになる。しかし、みんなの気持ちが1つになって無事に曲がることができて、見物している人たちから拍手と歓声をもらう。見物客も一体となって、祭を盛り上げる様子に、「ぼく」はうれしい気持ちになる。

●教材活用の視点

中心発問では、郷土の文化や生活に親しみ、進んで地域に関わっていこうとする態度を育てるために、「お父さんから『千年続く祭り』ということを聞いて、ぼくはどんな気持ちだったか。」と発問をし、自我関与させながら主人公「ぼく」の気持ちを考えさせたい。

4　指導のポイント

郷土の文化や生活に親しみ、進んで地域に関わっていこうとする態度を育てるために、中心発問では、児童の思いや考えを話合い活動を通して出させていく。主人公の「ぼく」に自我関与させ、自分の思いを赤、赤青、青の3つのカードを使って提示させ、話合いへとつなげていく。話合いを通して千年続いた人々の祭へ思いを考えさせていきたい。

学習指導過程

	学習内容	指導上の留意点
導入	1 自分の町のよい所や好きな所を発表する （アンケートの結果より） ・商店街に色々なお店がある。・神社がある。 ・有名な大学がある。・公園がある。	・事前に行ったアンケートの結果をもとに、自分の町のよい所や好きな所をいくつか取り出し板書する。
展開	2 『ぎおんまつり』を読んで話し合う ○見物している人たちから拍手が起こったとき、ぼくはどんな気持ちだったでしょう。 ・ぼくもあそこにのってみたいな。 ・ぼくも何かでお祭りに関わりたいな。 ○お父さんから叱られてしまったとき、ぼくはどんな気持ちだったでしょう。 ・もう、やめたいな。 ・なんで、できないんだろう…。 ・ほかの子がやればいいじゃないか。 ◎お父さんから「千年続く祭り」ということを聞いて、ぼくはどんな気持ちだったでしょう。 （積極的な関わり） ・地域のために頑張ってみよう。 ・やっぱり祭のために頑張ってみよう。 （関わりに対する不安） ・頑張ってみようかな。 ・やってみたいけど、ぼくができるかな。 （消極的な関わり） ・お父さんの言葉なんて信じられない。 ・やっぱりぼくにはできないよ。	・教材提示の前に「祇園祭」について説明し、学習の意欲を高める。 ・ICTで祇園祭の様子を提示し、祭の音楽をかけながら教材を読む。 ・町が一体となり、自分自身も夢中になっているときの気持ちを自分との関わりで考えさせる。 ・上手にできないときの気持ちを想像し、そのときの考え方・感じ方を話し合い、人間理解を深める。 ・祭の大切さを知ったときの思いを自分との関わりで考えさせ、進んで地域に関わっていこうとするときの考え方・感じ方を話し合い、価値理解を深める。 ・ぼくの気持ちを3つに分類整理して板書する。そこから自分に一番近い考えを選ばせ、選んだ理由を発表し、考え方・感じ方を深めさせる。 ☆郷土を愛することについて、自分との関わりで考え、意見を述べていたか。
	3 自分自身のことを振り返り、自分の地域をさらに好きになるためにはどうしたらよいか発表する ○今までの生活を振り返って、自分の住んでいる地域をもっと好きになるために、どんなことをしたいですか。 ・地域の人たちに挨拶をする。 ・地域の行事に参加してみんなと仲よくなりたい。	・導入と関連させて、それをこれからどうしたいかを考えさせる。 ☆自分との関わりで、進んで地域に関わろうと自分自身を見つめることができたか。
終末	4 教師の説話を聞く	・郷土のことを考えさせるために地域を愛し活動している人の思いを話す。

主として集団や社会との関わりに関すること

ぎおんまつり

板書計画

話合いを通して価値理解を深める板書構成

ぼくの思いを自分との関わりで考えさせることで、進んで地域に関わろうとするときの考え方・感じ方を赤、赤青、青のカードを使いながら話し合い、価値理解を深める。

授業の実際

1　中心発問での話合い

T　お父さんから「千年続く祭」だと聞いて、「ぼく」はどう思いましたか。
（地域のために頑張ろう→赤、迷う→赤青　やめたい→青）
※児童はカードで気持ちを表す。
C　お祭のために頑張ろう。
C　千年も続くお祭を終わらせたくない。
※教師はそれぞれの気持ちを分類しながら板書していく。
C　ぼくは、どうしようという気持ち。
T　青が多いのはどうしてですか？
C　ちょっと不安だから。
C　ぼくは、迷っているけど赤の方が多めにしました。本番はやりたいけど、練習はつらい…。
C　私は赤にしました。地域の人のために頑張りたい。
C　ぼくは、青にしました。本当にできるか分からないからです。
T　それでは、友達の意見を聞いて初めの意見と変わった人はいますか？
C　私は、初め赤でした。でも、みんなの意見を聞いてやりたい気持ちはあるけど、本当にできるのか迷ってきました。
T　どうして迷ってきたの？
C　友達とも遊びたいし、そんなにいっぱい練習できるか分からないから。
C　ぼくは、青から赤になりました。みんなにお祭を楽しんでもらいたいから頑張ろうと思いました。
T　他にはどうですか？
C　私は、ずっと赤の気持ちです。地域の人たちが喜んでくれたり楽しんでくれたりする顔が見たいから、お祭で頑張りたいです。
（展開後段へ）

体験的な学習のポイント

児童にとって祇園祭を自分事として考えられるように役割演技を取り入れる。

祭の音楽に合わせて、かねを演奏することの難しさを児童に体験させる。そうすることで、自分事として考えやすくする。

中心発問では「千年続く祭」ということに重点を置き、千年はどの位前だったかに触れる。今まで祭を続けてきた人々の思いや願いなども、教師が付け加えて発問を行うようにする。

2　全体での話合いから個々のまとめ

T　それでは、今度はみなさんのことについて聞きます。もっと、自分の町を好きになるためにやってみようと思うことはなんですか？
C　神社や図書館、学童クラブ、商店街に行く。
T　なるほど。色々な施設を使うということですね。
C　近くの人と遊んだり挨拶したりする。
T　色々なことができますね。今日は校長先生がみんなにお話をしてくれます。
（校長先生の話）
昔はこの近くに泉が沸いていて池になりました。その池を守るために神社ができました。この辺の村が安全に過ごせるようにという願いで作られました。今でも、町の人たちが池をきれいにしようと守っているから、きれいな池が保たれているのですね。もし、みんながごみを捨てるなどのことをしたらどうかな。
C　せっかくきれいにしたのに汚れちゃう。
T　そうですね。自分の町をもっと好きになるために、落ちているごみを拾ったり汚したりしないなどのこともできるかもしれませんね。

> ……… 評価のポイント ………
>
> 　本時の指導の意図は、進んで地域に関わろうとする態度について、自分との関わりでしっかりと考えたり意見を述べたりすることである。
> 　児童が、自分の地域や郷土を愛することを自分事として考えている学習状況を発言やつぶやきなどから把握する。

主として集団や社会との関わりに関すること

ぎおんまつり

主　題	内容項目	主として集団や社会との関わりに関すること
他国の人に興味をもって	C 国際理解、国際親善	

第1学年

かえるのおり紙

学図②
※②：第2学年掲載

出典 文部省「小学校道徳の指導資料とその利用 6」

1　ねらい

他国の人々や文化に親しもうとする実践意欲を育てる。

2　主題設定の理由（指導観）

●ねらいとする道徳的価値（価値観）

近年、他国の人や文化に触れる機会は多くなったが、それが他国の文化だと理解していない児童もいる。まず、日本と他国の文化の違いを知り、その上で、他国の文化にも興味をもち、他国の人々と親しもうとする実践意欲を育てたい。

●児童の実態（児童観）

児童は、クリスマスなどの他国の文化に親しんでいるが、どれが他国の文化なのか理解できていないことも多い。他国の人々と触れ合う機会もあるが、進んで話をできるとは言えない。他国の人々に興味をもって親しむよさを考えさせたい。

3　教材について（教材観）

●教材の概要

新幹線の中で、まり子の隣に外国人の女の子ジェーンが座ってくる。話してみたいという気持ちはあるが、恥ずかしくてなかなかできない。そこで日本の文化である折り紙を使ってかえるを折ってみる。ジェーンはそれを見て拍手をしてくれる。それを機会に、一緒に折り紙を折りながら、その名前をそれぞれの国の言葉で教え合う。最後はすっかり仲よくなり、握手をして別れる。ホームから見えなくなるまで手を振り続けていた。

●教材活用の視点

ジェーンと会う前と後のまり子の考え方、感じ方を問題として、学級全体で追究していく。そこで、他国の人々や文化と親しむことのよさを考えさせるために、児童をまり子に自我関与させながら考えていく。最後まで手を振り続けるまり子の思いから、他国の人々や文化に親しむよさを考えられるようにしたい。

4　指導のポイント

他国の人々や文化に親しもうとする実践意欲を支えている多様な考え方、感じ方を問題として、問題解決的な学習を展開する。そこで、導入段階で、事前にとったアンケートを紹介し、他国の人と話すことの難しさや恥ずかしさを想起させ、どうやってそれを克服していくのか『かえるのおり紙』を通して追究させる。

学習指導過程

	学習内容	指導上の留意点
導入	1　外国の人と話した経験について想起し、発表し合う ○外国の人と話したことはあるか。 ・何を言っているか分からなくて緊張した。 ・最初は恥ずかしかったけれど、一緒に遊んでいたら、楽しくなった。	・体験に差が予想されるので、事前アンケートをとり、その結果を発表する。 ・他国の人々と話すことの難しさを想起させる。
展開	2　『かえるのおり紙』をもとに、問題解決を図る ○本時の問題を確認する。 　　　まりこのはずかしさがきえたのはどうしてだろう。 ○ジェーンが隣に座ったとき、どんなことを思ったか。 ・困ったな。 ・恥ずかしいな。お話できない。 ・どうしよう。 ○ジェーンと折り紙を折りながら話しているとき、まり子はどんな気持ちだったのだろう。 ・外国の人と話すのは楽しい。 ・次は何を作ろうかな。 ・外国の言葉っておもしろい。 ◎まり子はどんな思いでジェーンが見えなくなるまで手を振り続けたのだろうか。 ・また会いたいな。 ・外国のことを調べてみたいな。 ・他の外国の人とも話してみたいな。 3　他国の人々や文化に親しもうとする考えを想起する ○今までに外国のことやものでいいなあと思ったことはあるか。	・仲よくしたいが、他国の人と仲よくすることは難しいという思いを、自分事として考えられるようにする。 ・まり子がジェーンと話す様子から、他国の人々や文化に親しむのは楽しいということを、自分との関わりで考えられるようにする。 ・他国の人々と親しむことの楽しさを感じ、これからも他国の人々や文化に親しみたいと感じている気持ちを自分との関わりで考えさせる。
終末	4　教師の説話を聞く	・教師自身が外国の人々と触れ合った経験談を話す。

主として集団や社会との関わりに関すること

板書計画

問題を明確にし、追究する板書構成

　本時の「国際理解、国際親善」に関わる問題を教材から児童の問いを大切にしながら作り、教材をもとに自分との関わりで考える学習を促すような板書を構想する。

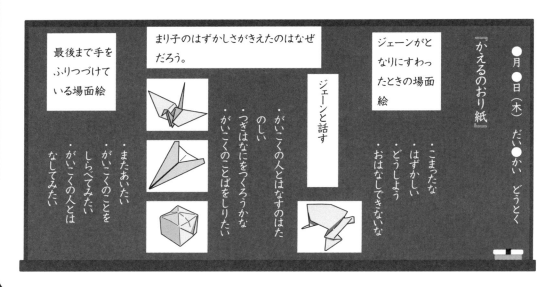

授業の実際

1　導入での発問

T　この前「外国の人とお話したことがありますか？」というアンケートをしたのを覚えていますか。その結果を発表します。
　話したことがあるという人が○人いました。その中で、話したときどんな気持ちだったか話せる人いますか。
C　緊張しました。
C　何を言っているか分からないから、お母さんに助けてという顔をしました。
C　最初は何を言っていいか分からなかったけれど、仲よくなったらとても楽しかったです。
T　そうなんですね。みんな最初は少し戸惑ったみたいですね。どうやったら外国の人とも仲よくなれるのか、今日はこのことをみんなで考えてみましょう。
（教材提示）
T　（場面絵を貼りながら）最初は恥ずかしかったまり子だけど、最後は恥ずかしい気持ちが消えたんだね。そのことについてみんなで考えていこうね。
（問題を板書に書く）

T　まり子は新幹線に乗っていたら、隣に初めて会う外国人のジェーンがやってきたんだね。そのとき、ジェーンはどんなことを思ったのかな。
C　困ったな。
C　恥ずかしいよ。
C　どうしよう。
T　「どうしよう。」とはどんな気持ちかな。詳しく教えて。
C　困ったからどうしたらいいか分からないって気持ちです。

問題解決的な学習のポイント

児童を登場人物に自我関与させ道徳的実践意欲を育てることができるように、導入や発問を工夫する。

他国の人々や文化に親しむ実践意欲を育てるために、低学年という実態を考慮し、教材を読んでから、他国との関わりを問題にする。

他国の人や文化を親しむ楽しさを感じさせながら、これからも他国の人々や文化に親しみたいという気持ちを中心発問とし、「これから自分がどうしたいか」という発問をしていくことで実践意欲を育てたい。

まり子に自我関与させながら、その気持ちを自分事として捉えられるような展開にする。

2 問題解決から個々のまとめ

T まり子はどんな思いでジェーンたちが見えなくなるまで、手を振り続けたのだろう。
C また会いたいな。
C 外国のことを調べてみたいな。
T もう調べてみたいと思ったのですね。みなさんはその気持ち分かりますか。
C はい。外国の人と話したいから、英語を勉強したいと思っていると思います。
T そうですか。他にはどうですか。
C 他の外国の人とも話したいな。
C 近くの外国の人とも話してみよう。
T いろいろな考えが出てきましたね。まり子は外国の人やことについて調べてみたいと思ったのですね。みなさんはどうですか。
C 私は、家の近くに外国の人がいるので、今まではなんか怖くて話しかけなかったけれど、今度話してみたい。
C 給食でいろいろな国のご飯が出るけれど、今まではあまり考えないで食べていたから、これからはどこの国の料理か考えて食べたい。
T 外国の人から外国の食べ物まで調べてみたいと思ったのですね。
C 近くに住んでいる日本語が話せる外国の人がいるから、外国のことを聞いてみたい。

.... 評価のポイント ....
本時の指導の意図は、児童が主人公に自我関与しながら、主人公の変化を感じ、他国の人々や文化に親しむ実践意欲を育てることである。児童が、主人公の変化の原因を見付け、問題を解決しながら話合いを深めていく。

かえるのおり紙

主　題	内容項目
いのちを大切に	D 生命の尊さ

(内容項目続き: 主として自然や崇高なものとの関わりに関すること)

第1学年

ハムスターの赤ちゃん

東書／学図／教出／日文／学研／廣あ

出典 文部省「小学校読み物資料とその利用『主として自然や崇高なものとのかかわりに関すること』」
文部科学省「わたしたちの道徳 小学校1・2年」

1 ねらい

生きることの素晴らしさを知り、生命を大切にしようとする心情を育てる。

2 主題設定の理由（指導観）

●ねらいとする道徳的価値（価値観）

「生命を大切にし尊重する」とは、かけがえのない生命をいとおしみ、軽々しく扱わないことである。普段の生活の全てが生きている証であり、そのことを喜び、素晴らしいと感じることで、自他の生命が大切だと実感できるように指導したい。

●児童の実態（児童観）

児童は、生命を軽く扱ってはいけないことや、生き物は大切に育てることを理解できている。一方で、日々の生活を生命と結び付けられるような経験が少ないと見受けられる。生命があるからできること、そしてその喜びについて考えさせたい。

3 教材について（教材観）

●教材の概要

本教材は、ハムスターが赤ちゃんを産んだ様子を観察している主人公の視点で描かれている。生まれたばかりの赤ちゃんハムスターはお母さんのおっぱいを一生懸命すっている。まだ、毛もはえていないし、目も開いていない。お母さんハムスターは赤ちゃんを口にくわえ、新しい巣に運んでいる。主人公は「大事な宝物を守っているようだね。」と感じている。生まれて10日がたち、赤ちゃんの体が大きくなってきた。主人公は「みんなが元気に歩き回るのも、もうすぐだね」と思っている。

●教材活用の視点

生命があるからできることや、成長することへの喜びを考えさせるために、児童を主人公に自我関与させ、ハムスターの赤ちゃんの誕生に対する心配や感動の思いを共感的に考えられるようにしたい。

4 指導のポイント

主人公に自我関与させてハムスターの赤ちゃんの確かな成長と変化に対する思いを考える学習を展開する。展開後段では、自分を振り返り、「生きているとどんなことができるのか」「どんなときに生きていると感じることができるのか」と問うことで、生きていることや成長の喜びを生き物だけでなく、自分自身に置き換えて考えさせる。

学習指導過程

	学習内容	指導上の留意点
導入	1　生き物の生まれたばかりの写真を見る	・資料の内容を理解するために、生まれたばかりの生き物の写真を掲示する。
展開	2　『ハムスターの赤ちゃん』を読み、話し合う ○生まれたばかりのハムスターの赤ちゃんを見て、主人公はどんなことを思ったか。 ・生まれてきてうれしい。 ・元気に育ってほしい。 ・すごく小さくて、弱そうだから守ってあげたい。 ○お母さんハムスターの様子を見て、主人公はどんなことを思ったか。 ・1匹ずつ運ぶのは大変そうだな。 ・赤ちゃんをとても大切にしているな。 ・命は宝物なのだな。 ◎主人公の「ハムスターの赤ちゃん、早く大きくなあれ。」という言葉にはどんな思いが詰まっているのだろう。 ・大きくなったらたくさん走れるよ。 ・大きくなったらもっといっぱい食べられるようになるよ。 ・お母さんハムスターが大切に育てているから、ずっと元気でいてね。 ・ずっと大切にしていきたいな。 3　これまでの生活から、生きているからこそできることや生きていることを感じたことについて振り返る ○生きているとどんなことができますか。またどんなときに生きていると感じましたか。	・成長していく喜びを実感させるために、生命の誕生に対する思いを自分事として考えさせる。 ・お母さんハムスターの様子から、生命を大切にする思いに気付けるようにする。 ・生命がこれから成長して生きていくことに対する思いを自分事として考えさせる。
終末	4　『手のひらを太陽に』の歌詞を読む	・生きている喜びにあふれたメッセージを感じ取れるようにする。

主として生命や自然、崇高なものとの関わりに関すること

A
B
C
D

ハムスターの赤ちゃん

板書計画

思考の流れを明確にする板書構成

　導入で教材への自我関与「小さくても一生懸命生きている」、展開後段で「自分たちも生きている」ことについて考えの流れを分かりやすくするための板書を構想する。

授業の実際

1　価値を深めるための中心発問、展開後段の流れ

T　ハムスターを見ながら、「ハムスターの赤ちゃん、早く大きくなあれ。」と言っていますが、その言葉にはどんな思いが詰まっていますか。
C　大きくなるのが楽しみだな。
T　どうして楽しみなのですか？
C　どんな大人になるのか見てみたい。
C　早く大きくなって、お母さんみたいにならないかな。
T　どうして大きくなってほしいのですか？小さいままの方がかわいいよ。
C　大きくなったらいろいろなことができるから。
T　たとえばどんなことですか？
C　今よりもたくさん食べれるようになる。
C　たくさん走れるようになる。
C　大きくならないで、途中で死んじゃったら、何もできなくなってしまう。

C　長生きしてほしい。
T　成長が楽しみなんだね。そして成長したらたくさん走ったり、色んなものも食べたりできるようになるんだね。
　このハムスターの赤ちゃんは生きているね。みんなはずっと生きていてほしいなと思っているんだね。
　では、今度は自分のことについて考えてみましょう。みんなもこのハムスターの赤ちゃんと同じように生きていますね。みんなは生きていて、どんなことができるのかな。
（ワークシートを配布する。）

> 生きているとどんなことができますか。またどんなときに生きていると感じましたか。

読み物教材の学習のポイント

児童が主人公に自我関与できるように導入や教材の提示方法を構想する。

ハムスターの赤ちゃんの成長を願う主人公に自我関与させることで、生きることの素晴らしさを考えられるようにする。

個々の副読本はしまわせ、紙芝居を活用して読み聞かせをする。

2　個々の振り返り（ワークシートから）

○生きているとどんなことができますか。自分のことを思い出してみましょう。
・生きていると、走れたり、歩けたり、遊んだり、話したりできる。
・生きていると、食べることや書くこと、話したり聞いたり、考えたりできる。
・成長して大人になることができる。
・生きていると、友達と遊べるし、友達も増える。
・お父さんやお母さんに会える。
・生きていると楽しいことがあったり、いやなことがあったりします。でも、自分も長生きしたいです。
・生きていると楽しい気持ちになれる。辛いときもあるけど、努力したら楽しいときが増える。

○どんなときに生きていると感じましたか。
・ぼーっと考え事をしているとき。
・ごはんを食べているとき。
・体を動かしているとき。
・身長が伸びたとき。
・家族といるとき。
・生きていなければ、体は動かないし、目も見えません。だから遊んでいるときに生きていると感じます。

評価のポイント

本時の指導の意図は、児童が主人公に自我関与して生きることの素晴らしさや、喜びについて考えることである。

児童が自分が生きていることの証を考えまとめている状況をワークシートから把握する。

主として生命や自然、崇高なものとの関わりに関すること

ハムスターの赤ちゃん

| 主題 | 動植物に優しい心で | 内容項目 | 主として生命や自然、崇高なものとの関わりに関すること　D 自然愛護 |

第1学年
赤いくさのめ

その他

出典　文部省「小学校道徳の指導資料第3集第2学年」

1　ねらい

身近な自然に目を向け、優しい心で動植物を大切に守り育てようとする心情を育む。

2　主題設定の理由（指導観）

●ねらいとする道徳的価値（価値観）

自然愛は、自然に触れる中で育まれる面が多い。しかし、家庭生活の中で触れることが少なくなった現代、児童が、身近な自然に目を向け、その生命力や不思議さを感じとり、慈しむという思いをもつことが、命や環境を大切にする心を育むことにつながると考える。

●児童の実態（児童観）

児童は、生活科などで共通の草花の栽培経験をもっている。しかし、バーチャルな経験や知識も多く、身近な自然やそこにある小さな命、その成長、生きる力に目を向ける機会が少ない現状もある。身近な自然に目を向け、大切にしたいという心を育みたい。

3　教材について（教材観）

●教材の概要

赤い草が芽を出したとき、けんじといわおは相撲をとっていて、危うく踏みそうになる。しかし、けんじが気付き、芽を飛び越え踏まずにすんだ。それから、ルールをつくったり姉のアドバイスで垣根をつくったりして、芽を守ろうとする。その後、その芽がシャクヤクの芽であることに気付き、また、姉から亡くなった祖母の好きな花であったことを聞いた2人は、相撲をする場所を変えた。

●教材活用の視点

けんじといわおが、最後の場面の成長していく赤い草の芽に対して、どのような思いでどのようなことをしていったかを考えさせ、そのことによって成長していく赤い草の芽の様子を動作化することで、植物の成長や大切にするということを捉えさせたい。また、けんじといわおと同様の経験を問うことを通して、身近にある自然に目を向けさせたい。

4　指導のポイント

導入で「草の芽クイズ」をすることで、草の芽を見付けたときの心情を考えやすくさせ、児童をけんじといわおに自我関与させる。また、赤い草の芽の様子を動作化し、成長を捉えやすくしながら、草花の成長を支える思いや願いを考えさせたい。

学習指導過程

	学習内容	指導上の留意点
導入	1　草の芽クイズをする ○何の芽か、当ててみましょう。大きくなるとどうなるでしょう。 ・アサガオだ。 ・小さい芽だな。なんだろう？　マリーゴールドかな？	・芽の写真を見て、何の芽か考えさせ、写真で正解を見せることで、生物が成長することをつかませる。また、しゃくやくの芽も提示し、芽を見た感想を尋ね教材へつなげる。
展開	2　『赤いくさのめ』を読んで話し合う ＊「赤いくさのめ」について考えましょう。 ○土からちょっぴり顔を出したとき「赤いくさのめ」はどんなことを考えたでしょう。 ・踏まれそうになったよ。こわかった。 ・守ってもらったよ。よかったと思った。 ○けんじくんといわおくんが「赤いくさのめ」をぴょいと飛び越えたり、垣根をつくったりしたのはどんな考えからでしょう。 ・赤くてかわいい芽だから守りたかった。 ・大きくなってほしかった。 ○３日目には、垣根も作っていたのに、裏庭に行ってすもうをしたのは、どんな考えからですか。 ・絶対に、踏んで、つぶしたくなかった。 ・おばあちゃんのためにも、花を咲かせたい。 ・とっても大事にしかった。 ○この日から、２人は「赤いくさのめ」のために、どんなことをするでしょう。それはどんな考えからですか。 ・水をあげる→枯れたらいやだから。 ・肥料をやる→早く大きくなってほしい。 　　　　　　→すごく大きくなってほしい。 ・毎日見る→心配。どうなっているか、わくわく。 ○安心した「しゃくやくのめ」は、どのように、どんどん大きくなっていったでしょう。 3　けんじくんや、いわおくんのように、草の芽を育てた経験やそのときの気持ち、草花について不思議だなと思ったことなどを発表し合う	・土から芽が顔を出した様子を体で表現させて、その状況をつかみ、「くさのめ」側の視点をもって考えさせる。 ・「赤いくさのめ」に対する気持ちを、けんじ、いわおに自我関与しながら考えさせる。 ・「赤いくさのめ」を守って、成長させていきたいという思いの高まりを自分事として考えさせる。 ・生活科などでの経験をもとに、具体的にできること、そして、行動の背景にある思いや願いを考えさせる。 ・成長する様子を話し合わせながら、体で表現させ、「成長する」ことを感じ取らせる。 ・生活科での学習を手がかりにさせる。
終末	4　教師の説話をきく	・草花を育てて、うれしかったこと、成長に驚いたこと、懸命に世話をした苦労話など経験談を話す。

主として生命や自然、崇高なものとの関わりに関すること

赤いくさのめ

板書計画
行動を支える「思い」が視覚的に分かりやすい板書

　登場人物に自我関与させながら、草花を大切に育てるとはどういうことか、またそれを支える思いを視覚的に捉えさせ、これまでの経験や自分との関わりで考えやすい板書を構成する。

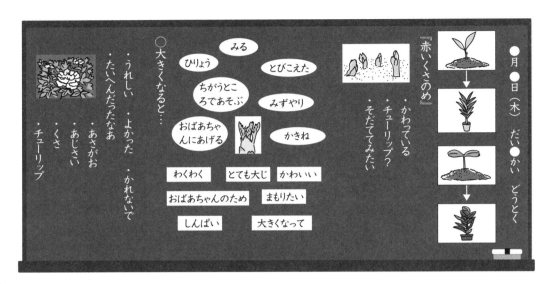

授業の実際

1　行動を支える思いを考える

T　2人は赤い芽のためにどんなことをしたでしょうね。
C　水をいっぱいあげた。
T　どうしてかな。
C　おばあちゃんのために、枯れないように。
C　かわいいから、育てたい。
T　そだてたいんだね。まだまだ、草の芽にどんなことをしたいかあるかな。
　　いくつくらいある？　手で見せてね。たくさんあるね。教えてください。
C　棒を付けて、折れないようにする。
C　カバーをする。
C　肥料も。
C　毎日見に行く。
T　今の考えは、どうしてそうしたいのかわかりますか。
C　守りたい。

C　大事だから。
C　大きくなってるかなあって思うから。
C　誰かが踏んでないかなって心配だから。
T　赤い草の芽がどんどん大きくなっていくのを見ながら、2人はどんな気持ちだったでしょうね。
C　枯れないでね。
C　「よしっ。」っていう感じ。
C　うれしい。
C　今まで大変だったなあ。って感じ。
T　赤い草の芽はどのように大きくなるのかな。
C　伸びる。
C　葉っぱが大きくなる
C　いっぱい葉っぱが付く。
T　では、みんなで「赤い草の芽」なってみましょう。

読み物教材活用のポイント

児童の自我関与を深めるためにクイズや動作化を取り入れる。

草の芽に着目したことがある児童が少ないことが予想されるため、写真でいろいろな草の芽を見せ、「何の草の芽か」のクイズを行い、登場人物の意識を捉えやすくさせる。

草の芽の成長を動作化することで、時間の経過と成長、登場人物の思いや願いを明確にする。

自分たちで考えた登場人物の行動やそれを支える想いや願いを視覚的に捉えやすく板書することで、児童が考えたことの全体を捉えやすいようにし、自分と重ねて考えやすいようにする。

2　自分たちの身の回りを見つめる

T　けんじくんやいわおくんのように草の芽を育てたことがありますか。
C　アサガオ育てた。
C　いっぱい咲いたよ。すごいいっぱい種もとれたよ。（周りも「うんうん。」）
C　うちにゴーヤもあるし、ビワもある。（知ってる！の声が口ぐちに）
C　ぐるぐるになる。すごい大きくなる。
T　みんなよりも大きくなるのかな。
　　すごいね。そんなふうに草とか花を見て、びっくりしたなあとか、不思議と思ったことは、ありますか。
C　小さい種なのに、いっぱいになるから。
T　なるほど。こんなに小さい種のものもあるね。
C　種まきしていないのに、芽が出ていることがあるよ。
T　すごいね。けんじくんたちみたいだね。小さい芽を見付けるなんてすごいね。他の人もあるかな。
（見付けたことある！あっちにある！の声）
T　学校にもあるのかな。見付けたことがある人、近くの席の人に教えてあげてください。

> ……… 評価のポイント ………
> 児童が登場人物の立場で赤い草の芽の成長を支える想いや願いを捉えることと、教材をもとに、身近な自然にも目を向けていくことがポイントである。児童が、話し合っているときの発言やつぶやきなど（発表が苦手な児童には後の聞き取り）から把握する。

主として生命や自然、崇高なものとの関わりに関すること

赤いくさのめ

主題	内容項目	主として生命や自然、崇高なものとの関わりに関すること
美しい心	D 感動、畏敬の念	

第1学年

七つのほし

東書② 学図②
教出　光村
日文② 光文
学研　廣あ

※②：第2学年掲載

出典 文部省「小学校道徳の指導資料第2集第1学年」

1　ねらい

美しく、清らかな心に感動しようとする心情を育てる。

2　主題設定の理由（指導観）

●ねらいとする道徳的価値（価値観）

今日の社会では、崇高なものに対する尊敬や畏敬の念をもち、人間としての在り方を見つめ直すことが求められている。この段階においては、人間の心の中にある美しさ、崇高さに気付き、素直に感動する体験を共有し、児童自身のもつ初々しい感性を育んでいきたい。

●児童の実態（児童観）

指導の継続により、児童は「きれい」や「すごい」と言った言葉で素直に感動を表現することが増えた。しかし、日常の中で感動する体験に出合ったり考えたりする機会が十分にあるとは言えない。普段得られにくい体験を本時で意図することで、児童の感性をさらに磨いていきたい。

3　教材について（教材観）

●教材の概要

長い間雨が降らず、困り果てたある晩、女の子は病気の母のために水を探しに行く。やっとのことで水を見付けた女の子は、飲みたい気持ちを我慢し母のもとにかけ出した。途中、母と同じように苦しむ子犬やおじいさんに水を分けると木のひしゃくが銀や金に変わり、溢れ出る水とともに7つのダイヤモンドが飛び出し、ひしゃく星になるのであった。

●教材活用の視点

女の子の優しさが母親だけでなく子犬やおじいさんに及び、心の美しさが次々とひしゃくを変化させていくことを児童に考えさせることで、人間の行いや心の美しさに素直に感動する感性を育みたい。板書にひしゃく星を提示することで、展開後段で自分自身の経験の中での「美しい心」についての考えが深まるようにする。

4　指導のポイント

女の子の美しい心（相手を思いやる心）に焦点を置いて授業を展開することで、児童自身の素直に感動する心を育てる。特に教材提示に力を入れ、パネルシアターや紙芝居を活用するなどして教材のもつ雰囲気を大事にしていきたい。また、児童は感動を表現する語彙が少ないことが予想されるため、教師が言葉を補っていく必要がある。

学習指導過程

	学習内容	指導上の留意点
導入	1 「美しい心」について話し合う ○「美しい心」とは、どんな心のことだと思いますか。 ・誰にでも優しくできる心。 ・相手のことを考えることができる心。	・本時でねらいとする道徳的価値への方向付けをするために、事前にアンケートしておいた児童の考えを提示する。
展開	2 『七つのほし』を視聴し、美しい心について話し合う ○女の子はどんな気持ちで水を探していたのでしょう。 ・私も水が飲みたいな。 ・お母さんに水を飲ませたい。 ・疲れたけれど、お母さんのために頑張ろう。 ○おじいさんに「その水を、わたしに飲ませてくれないか。」と言われた女の子は、どんなことを思ったのでしょう。（役割演技） ・私も飲みたいのに。 ・かわいそう、飲ませてあげようかな。 ・でも、お母さんに飲ませてあげたい。どうしよう。 ◎飛び出したダイヤモンドがひしゃく星になったのを見た女の子は、どんなことを感じたのだろう。 ・きれい。うれしい。水をあげてよかったな。 ・自分のひしゃくから星が生まれるなんて、不思議。 ・キラキラ輝いて、すてきだなぁ。 3 これまでの自分を振り返る ○「美しい心」を見たり、聞いたりしたことはありますか。 ・勉強が分からなくて困っていたとき、友達が休み時間になっても教え続けてくれた。 ・人が見ていないのに片付けをしている人がいた。 ・自分も疲れていたのに、電車で席を譲った。 ○「美しい心」とは、どんな心のことだと思いますか。 ・優しい気持ち。 ・相手のために行動すること。 ・互いを思いやる心。	・母のために行動する女の子の考えや思いを自分事として考えられるようにする。 ・役割演技を通し、どうしたらいいか思い悩む様子を感じ取らせることで、より深く心の美しさについて考えられるようにする。 ・気高い行為や心が星となっていく様子から、美しい心について自分との関わりで考えさせる。 ・教材中の崇高な行いだけではなく、自分たちの生活の中にも「美しい心」につながることがあることに気付かせる。 ・教材を通して考えた「美しい心」についての多様な考えを他者との関わりの中で深めさせる。
終末	4 教師の話を聞く	・教師が、日常の児童の様子から「美しい心」につながることを紹介する。

主として生命や自然、崇高なものとの関わりに関すること

A
B
C
D

七つのほし

板書計画
心の美しさを視覚的に感じ取ることができる板書構想

　ひしゃくや星を板書に掲示することにより、教材中の出来事を自分事として捉えやすくするとともに、心の美しさを視覚的に感じ取ることのできる板書を構想する。

授業の実際

1　役割演技の実際

T　おじいさんに「その水を、わたしに飲ませてくれないか」と言われた女の子は、どんなことを思ったのでしょう。
C　お母さんに飲ませたいのに。
C　どうしよう。でも、きっとのどが渇いているんだ。飲ませてあげようかな。
T　なるほど。飲ませようか迷っているのですね。どうして迷っているのでしょうね。では、その場面を前でやってもらいましょう。

（役割演技）
C1　その水を私に飲ませてくれないか。
C2　これはお母さんにあげたいの。
C1　のどが渇いて苦しいのだよ。
C2　それなら飲ませてあげようかな…。

T　（C1に）どんな気持ちで水を飲ませてくれないかって言ったのかな。

C1　のどが渇いて渇いて苦しいから、どうしても飲みたかったの。
T　そうか。苦しかったんだね。
T　（C2に）はじめはお母さんにあげたいって思っていたのに、おじいさんに飲ませてあげようって思ったんだよね。どうして変わったの。
C2　かわいそうだなって思って。
T　お母さんも水をほしがっていたよね。
C2　だから2人に飲ませてあげたい。
T　自分はいいのかな。
C2　自分より苦しそうな2人に飲ませてあげたい。自分は後でいい。
T　そっか。そんな思いで水を飲ませてあげようって思ったんだね。

教材の雰囲気を大事にした教材提示のポイント

児童の実態を第一に考えて工夫する。

感動的な物語のため、児童の実態に応じて教材提示を工夫したい。また、座席配置を工夫して、前に集めて語り聞かせる方法も考えられる。

板書の星はパネルシアターで使用した星（キラキラ光る折り紙で作成）と同じものを提示する。児童が美しい心を視覚的に捉えることをできるように工夫を行う。

2　自己の振り返りの場面

T　女の子は、お母さんのために水を探して、見付けた水を子犬やおじいさんに分けてあげたんだね。きっと自分も水を飲みたかったんだよね。でも周りの人にあげたんだね。そんな心が星となって空に昇っていったのかもしれないね。

T　「美し心」を見たり、聞いたりしたことはありますか。

C　算数の引き算のやり方が分からなくて困っていたとき、○○さんが休み時間になっても教えてくれた。

T　そう。それはうれしいね。分かるようになったのかな。

C　うん。

C　掃除の後、掃除用具入れの中のほうきを○○さんが片付けてくれていた。

T　それを見てどう思った。

C　すごいなぁって思った。

T　そうだね。すごいよね。

T　「美しい心」って、どんな心だと思う。

C　優しい心。思いやりのある心。

C　人をことを考えて助けること。

……… 評価のポイント ………

本時の指導の意図は、児童が女の子に自我関与して、行為の背景にある美しい心（相手を思いやる心）の素晴らしさを感得することである。

児童が美しい心や行為に素直に感動している様子や自分の経験などについて考えている様子を発言・記述などで把握する。

七つのほし

理論編 実践編

第2学年

考え、議論する
道徳科授業の新展開

主　題		内容項目	主として自分自身に関すること

よいと思うことはすすんで　　A 善悪の判断、自律、自由と責任

第2学年

おれたものさし

東書

出典　東京書籍「あたらしいどうとく 2」

1　ねらい

よいことと悪いことの区別をし、よいと思うことを進んで行う態度を育てる。

2　主題設定の理由（指導観）

●ねらいとする道徳的価値（価値観）

日常生活において、人は自分自身で正しく判断し、行動していくことが大切である。そのため、積極的に行うべきことと人としてしてはならないことを正しく区別できる判断力を養いたい。また、行動に移したときのすがすがしい気持ちを味わうことができるようにしたい。

●児童の実態（児童観）

児童は善悪の判断ができるようになりつつあるが、周りの状況や他人の言動に左右され、それを行動に表すことができないことがある。そこには、その場の雰囲気や人間関係も関わってくる。そのような利益に左右されず、自分がよいと思うことは行動に移すことができる姿を目指したい。

3　教材について（教材観）

●教材の概要

先生のものさしが折れた音がして振り向くと、「のぼる」がものさしを手にしている。のぼるはそばにいただけの「ひろし」にものさしを持たせ、「おまえがおったんだろ、これ。」と言う。周りの仲間たちも、次々にはやし立てる。泣きそうになっているひろしを見ながら、「ぼく」は自分もかつて同じように押し付けられたことを思い出す。「ぼく」は思わずひろしのところにかけよってものさしをとり、のぼるに手渡す。

●教材活用の視点

人は、自分より弱い相手には強く出たり、強いと思う相手には強く出られなかったりする。本当は自分じゃないと言いたかったが、言いだせずにいることを、「ひろし」の姿を通して考える。自分なりの行動に移した「ぼく」の気持ちに迫りたい。役割演技でぼくになりきり、ぼくのもつ弱い心、強くなりたいという心、思い切って行動に移す心を考えさせたい。

4　指導のポイント

登場人物への自我関与を大切にしたい。役割演技を通して主人公の「ぼく」の気持ちを自分事として考えたり、今の自分は「あのとき」と「今」のどちらの「ぼく」かなどと自分と照らし合わせて考えることができるように問いかけたりする。

学習指導過程

	学習内容	指導上の留意点
導入	1　主人公や場面を補説し、ねらいとする道徳的価値への方向付けをする ○みんなは、今、何を一生懸命頑張っていますか。	・「ぼく」がかつて弱かった自分を克服しようと勇気を出してのぼるに向かったことに気付くことができるようにするため、まず、自分自身はどうか問いかける。
展開	2　登場人物を通して自己の生き方について考えを深める ○ぼくはどんなことを思ってものさしを渡したのか。 ・ひろしは悪くないぞ。 ・本当はのぼるがやったんでしょ。 ・人に押し付けちゃだめだよ。 ○前に自分がされたときはしなかったよね。どんな気持ちがあったのか。 ・ちょっと怖いよ。 ・仲間外れにされるかもしれない。 ・もっといじめられるかもしれない。今だけ我慢すれば…。 ○そんな気持ちがあったのに、のぼるに向かっていったのは、どんな自分になりたかったからなのだろう。 ・だめなことはだめって言える自分になりたかったのだと思います。 ・勇気のある自分になりたかったのだと思います。 ・心が強い自分になりたかったと思います。 3　自己の生き方を見つめる ○みんなは、「あのときの『ぼく』」に近いかな。「今の『ぼく』」に近いかな。どう思う。 ・ぼくは、「あのときの『ぼく』」です。わけは、自分が悪くなくても、違うよと言えなかったことがあるからです。 ・私は「今の『ぼく』」です。わけは、前に○○さんが△△さんのせいにしたときに、「違うよ」と注意することができたからです。	・「ぼく」が勇気を出して「のぼる」に向かっていった気持ちを考えることができるよう、役割演技を活用助言する。 ・正しいと思ったことでもなかなか行えなかったときの経験を踏まえて行動に移したことを考えるため、以前の「ぼく」の様子を考える。 ・正しい行いをするとどんな気持ちになるか気付くことができるよう、「このあと、『ぼく』はどんな気持ちになっただろうね。」と問いかける。 ・自分事として考えることができるよう、今の自分は「あのとき」と「今」のどちらの「ぼく」に近いか問うことで、自分自身を見つめることができるようにする。
終末	4　教師の説話を聞く	・教師が見付けた自分で考えてよいと思ったことを行っている児童の姿を紹介する。

板書計画

道徳的価値の理解を促す板書構成

正しいことを行うことのよさと難しさを分かりやすく示し、道徳的価値の理解を促すように構想する。

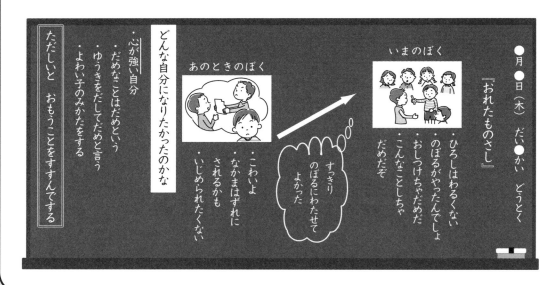

授業の実際

1 中心的な発問での話合い

T ぼくはどんなことを思ってものさしを渡したのでしょうか。
C 「ひろしは悪くないぞ。」って気持ちだと思います。
C 「本当はのぼるがやったんでしょ。」って言いたかったと思います。
C 「人におしつけちゃだめだよ。」って思ったと思います。
T なるほど。でも、前に自分がされたときはしなかったよね。そのときはどんな気持ちがあったのでしょうか。
C 「ちょっと怖いなあ。」って思ったのだと思います。
C 「仲間外れにされるかもしれない。」って思ったのだと思います。
C 「注意したら、もっといじめられるかもしれない。今だけ我慢すれば…。」って思ったのだと思います。

T そんな気持ちがあったのに、のぼるに向かっていったのは、どんな自分になりたかったからなのだろう。
C だめなことはだめって言える自分になりたかったのだと思います。
C 勇気のある自分になりたかったのだと思います。
C 心が強い自分になりたかったと思います。
T 「心が強い」ってどういうことなの。
C 勇気を出して「だめ」って言うことだと思います。
C だめなことをしているときに、「だめだよ。」って言えることだと思います。

登場人物への自我関与のポイント

役割演技を活用し、「ぼく」の気持ちを児童が自分事として考えられるように授業を展開する。

児童の実態から、自分の利益と行動に移すべきよいことの間で迷っている「ぼく」の気持ちに迫りたい。「ぼく」と自分自身を重ね合わせて考えることができるよう、役割演技を位置付け、「のぼる」に向かっていった気持ちに気付くことができるようにする。

展開後段で自分を見つめる場面では、自分のことをより深く見つめることができるよう、本時考えた「あのときの『ぼく』」と「今の『ぼく』」のどちらに近いかと問いかける。

2　問題解決から個々のまとめ

T　みんなのおかげで「ぼく」の素敵なところがいっぱい分かったよ。ところでみんなは、「あのときの『ぼく』」に近いかな。「今の『ぼく』」に近いかな。「あのときの『ぼく』」だと思う人。（挙手）

T　「今の『ぼく』」だと思う人。（挙手）

T　どうしてかな。教えてください。

C　ぼくは、「あのときの『ぼく』」です。前に〇〇さんがドッジボールをしていたとき、そばにいた△△さんに「ボール返しといて」と言ったのを見たんだけど、勇気がなくて「〇〇さんが返さないといけないよ」と言えなかったことがあるからです。

C　私は「今の『ぼく』」だと思いました。わけは、前に〇〇さんが廊下を走っていたときに、「走っちゃだめだよ」と注意することができたからです。

T　自分のことをよく振り返って、お話できたね。どちらに手を挙げた人も、このお話の「ぼく」みたいに、正しいと思ったことをできる人になれるといいね。

> **評価のポイント**
>
> 本時では、ねらいとする態度を育てるため、役割演技を位置付け、「ぼく」を自分事として捉えることができるようにした。そこでは、自分なりにどう考え、判断しているかを、発言内容や表情から見届ける。また、展開後段に、今の「ぼく」と今までの「ぼく」のどちらに近いか考える場を位置付けた。挙手や、その理由を問いかけたときの発言内容で見届け、今後の活動での指導・援助に生かしていく。

おれたものさし

主題	内容項目 主として自分自身に関すること
すなおな心	A 正直、誠実

第2学年
お月さまとコロ

学図　光村
日文　廣あ

出典 文部省「小学校　道徳の指導資料とその利用2」
文部科学省「わたしたちの道徳　小学校1・2年」

1　ねらい

　嘘をついたりごまかしをしたりしないで、素直に謝り、晴れ晴れとした心で生活しようとする態度を育てる。

2　主題設定の理由（指導観）

●ねらいとする道徳的価値（価値観）

　素直にのびのびと生活していくためには、自分にも誠実でなければならない。しかし、感情の起伏のせいで、人は誰しも過ちをおかすことがある。大事なのは、その後である。自分の良心に素直に勇気を出して、現状を乗り越え明るい本来の自分を取り戻したい。

●児童の実態（児童観）

　交友関係が広がってくるこの時期は、友達ともトラブルを起こしやすい。悔しくて、嘘をついたり、ごまかしたりすることもある。気持ちを落ち着かせ、客観的に自分を見て、素直で明るい自分を目指してほしい。

3　教材について（教材観）

●教材の概要

　コロは、唯一の友達のギロにまで本心と違う意地悪なことを言って、怒らせてしまう。謝ろうかどうか迷っているところへ、お月様が、「自分の顔を見てごらん。」と、アドバイスをくれる。草の露に映った自分の顔にショックを受けたコロは、素直に謝ろうという気持ちになる。そう決意しただけで、心は晴れ晴れとし、表情まで明るくなった。

●教材活用の視点

　この時期の児童は、素直に明るく生活することが大事だと分かっているが、自分の利害や感情のまま生活することも多くある。児童をコロに自我関与させることで、葛藤を乗り越えられるよう考えさせたい。わがままを言わず自分の良心に照らして、素直に明るく生活させたい。

4　指導のポイント

　自分の感情を出せる相手に対して、すねたり、怒ったりとわがままを出してしまう弱い自分をコロに自我関与させ、よりよい自分にしていくためには、わがままな気持ちを乗り越える勇気を出し、非を認め、謝ることができると、すがすがしい気持ちになれる。明るい表情の自分の姿を思い浮かべ、どうしたら乗り越えられるかを考えさせたい。

学習指導過程

	学習内容	指導上の留意点
導入	1　「正直」に関わる自分の経験を発表し合う ○今までに自分の失敗を、謝ろうかそれとも黙っておこうかと迷ったことはありませんか。 ・けんかをしたとき、自分も悪いのに弟のせいにした。 ・コップを割ったとき、言い訳をしてもっと怒られた。	・ねらいとする道徳的価値への方向付けをするために、自分の体験を想起させる。素直に言った方がよいのはどうしてか、を考えられるようにする。
	うそをつかずすなおになるほうがよいのはどうしてでしょう。	
展開	2　『お月さまとコロ』をもとに、素直になれない気持ちを考える ○コロが謝ることができないのは、どんな思いからでしょう。 ・機嫌の悪いときに言うのが、悪いんだ。 ・ギロは、何度も言ってきて、しつこいから嫌だ。 ・本当は、ギロの言うとおり、やってみたいのに、どうして言えないのだろう。 ○草の露に映っている自分の顔を見て、コロは、どう思ったでしょう。 ・嫌な顔をしているなあ。つまらない顔だなあ。 ・かっこわるいなあ。 ○コロが、ギロに謝ろうと決めたのは、どんな気持ちになったからでしょう。 ・ギロが悪いんじゃなくて、ぼくは、本当はギロやみんなと楽しく遊びたいんだ。 ・歌ってみて、晴れ晴れとした気持ちになった。 ・お月さまの言葉に心がすっきりしたような気がする。 ・早く謝って、一緒に遊びたいな。 3　自分たちの生活から、よく似たことはなかったか振り返る ○コロと同じような気持ちになったことはありませんか。また、素直にできて、心が晴れ晴れとしたことはありませんか。	・素直になれず悩んでいるコロの思いを自分事として考えられるようにする。 ・自分の考えを隣の席の児童と相談させることで、考え方、感じ方を深められるようにする。 ・ギロとけんかをしているコロの気持ちを円グラフで示しておく。 ・自分の顔を見ることで、客観的に自分を見ることができたことを考えさせる。 ・「謝るんだ」「謝りたくない」と葛藤している2つの心や、はずかしかったのに歌ってみることができたコロが、すがすがしい気持ちになれたことを理解させる。 ・今の気持ちを円グラフで示し、ギロとけんかをしていたときと比較する。 ・今だったら、こうしたらよかったと思えることや、素直に謝れて良かった経験を振り返ることで、次に同じようなことがあったときに生かせるようにする。
終末	4　教師の説話を聞く	・教師自身が素直にできて心が晴れ晴れとした経験談を話し、実践意欲を高める。

主として自分自身に関すること

お月さまとコロ

板書計画

心の迷いや変容が分かり、実践意欲を高められる板書構成

自分の気持ちに素直になれなかった主人公の気持ちを自分事として考えられるような板書を構築する。

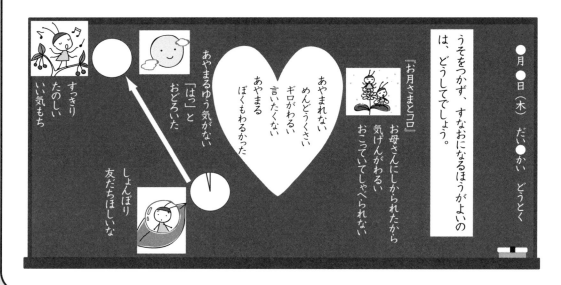

授業の実際

1 気持ちの揺れを気持ちグラフで考えてみる

T ギロの歌を「おもしろくないよ。」と言ったときのコロの気持ちを丸い気持ちグラフで表してみましょう。みなさんも自分の気持ちグラフでやってみましょう。表せた人は、見せてください。

C 全部つまらないだよ。

C 少しは、迷っているから、よい気持ちもあるんじゃないかな。

T それでは、丸の中のこれくらいが、誤りたくない気持ちでしょうか。

T では、謝れないのは、どうしてでしょう。

C 謝る勇気がないからですよ。

C ほんとうは、誤りたいけど。

C 泣きたい気分です。
　（グループで話し合う。）

T では、お月さまの話を聞いて、歌ってみているコロの気持ちはどうでしょう。気持ちグラフで表してみましょう。

T どうして、そんなに変わったのか、4人グループで話し合ってみましょう。

C 露に映った顔にびっくりしたからじゃないかな。悲しそうです。

C 歌を歌ってみたのもよいと思います。ぼくも、歌を歌うと気持ちがよくなります。

C お月さまの声を聞いたから、神様みたいに思ったのでは、ないかなあ。

C 気分が変わったからからかもしれないよ。ぼくも、気持ちが落ち着いたら、素直に謝れたことがあったよ。

登場人物への自我関与のポイント

気持ちの揺れをグラフで表し、友達との話合いをすることで「正直」について多面的・多角的に考えられるようにする。

普段の生活の中でよくある事例であるが、改めて道徳の授業で考えることが重要となる。コロのことを自分事と考えられたかどうか、児童の意見の後、切り返し発問でさらに考えさせたい。

自分の気持ちを正直に表現するには、知恵と勇気がいります。うまく表現できたときには、とても晴れ晴れとして、よい気持ちになりました。

今までは、もやもやとした気持ちでした。でも、これからは、正直にしていこうと思いました。

2 自分事として捉えられたか、個々のまとめ

T コロと同じような気持ちになったことはありませんか。素直にできてよかったということですね。思い出して道徳ノートに書いてみましょう。

C ぼくは、自分が失敗してしまったときに、謝ってすっきりしました。

C わたしは、友達をいやな気持ちにさせてしまい、素直に謝れて、自分の気持ちが軽くなって、よかったことがあります。

C 「ごめんなさい。もうしません。」と言って、2回目で許してもらえて、ほっとしました。

C 素直に謝れて、気分が良くなったことがあります。次も頑張ります。

C 嘘をついたことを全部話せて良かった。新しい友達をいっぱいいっぱいつくりたいな。

C 「ごめんなさい。」が言えなくて、すごくごめんなさい。

C 兄ちゃんと仲直りできてよかった。

T 謝ったことで、心が晴れ晴れしてよかったですね。これからも失敗はあるでしょうが、素敵なみなさんでいられるといいですね。

――――― 評価のポイント ―――――

本時の学習の意図は、児童が主人公に自我関与して、たとえ失敗しても素直に謝って、晴れ晴れとした気分になることを目指そうとするものである。児童が、嘘やごまかしを言ってしまう気持ちを自分事として考えている状況を発言などから把握する。また、道徳ノートで自分を振り返って、自分はこれからどうありたいかを考えたかを把握する。

お月さまとコロ

主 題	内容項目	主として自分自身に関すること
わがままをしないで	A 節度、節制	

第2学年
るっぺどうしたの

教出 日文 廣あ

出典 文部省「小学校読み物資料とその利用『主として自分自身のこと』」
文部科学省「わたしたちの道徳　小学校1・2年」

1　ねらい

わがままをしないで、規則正しい生活をしようとする実践意欲と態度を育てる。

2　主題設定の理由（指導観）

●ねらいとする道徳的価値（価値観）

基本的な生活習慣は、生涯にわたってあらゆる行為の基盤となり、充実した生活を送る上で欠かすことができないものである。規則正しく生活することの大切さを実感できるように指導したい。

●児童の実態（児童観）

児童は、わがままをしない規則正しい生活が快適な毎日を送ることにつながることに気付いていないこともある。わがままをしたくなってしまう気持ちに負けず、規則正しくすることで気持ちよく生活できることのよさを考えさせたい。

3　教材について（教材観）

●教材の概要

るっぺは、わがままいっぱいで、朝もぐずぐずしていてなかなか起きられない。友達が声をかけても、「だってえ」と繰り返し、学校の休み時間には、友達の注意を無視して砂を投げている。そして、投げた砂が友達の目に入ってしまう。

●教材活用の視点

気持ちのよい生活を送るためには、わがままをしない規則正しい生活が大切であることを考えさせる。そこで、登場人物に自我関与させながら、わがままな行動や怠惰な行動が生活の中でいかに困るのかを感じさせる。そして、振り返りでは、るっぺに手紙を書くことで、自己を振り返りながら、規則正しい生活を送ることのよさを感じられるようにしたい。

4　指導のポイント

自分との関わりで考えることができるよう、体験的な学習を取り入れる。展開の2つの場面で役割演技を取り入れ、わがままな行動をしているときの気持ちと、わがままを客観的に見ている気持ちを出し合うことで、価値理解と人間理解を深めていくことができるようにする。また、役割演技で出た意見は、分かりやすく整理し、構成的な板書にしていく。

学習指導過程

	学習内容	指導上の留意点
導入	1　日ごろの生活を振り返り、本時の学習課題を確認する ○気持ちのよい生活を送るために大切なことは何だろう。	・児童が日ごろ気持ちよく生活を送っていることを認めたり褒めたりした上で学習課題を確認する。
展開	2　『るっぺどうしたの』を読み、話し合う ○お母さんに起こされているとき、るっぺはどんなことを思っているか。 ・もっと寝ていたい。　・うるさいなあ。 ○ぴょんたくんとるっぺは登校しながら、どんなことを思っているか。 ぴょんた：きちんと準備をしたら困らないのに。 　　　　　身の回りの整理をした方がいいよ。 るっぺ　：頑張っているんだけどなぁ。 　　　　　どうしてこうなってしまうんだろう。 ○砂を投げているるっぺとそれを注意するみけねこちゃんたちはどんなことを思っているか。 みけねこ：みんなの迷惑だよ。 　　　　　なんで嫌がることをするの？ るっぺ　：やりたいんだからいいじゃないか。 　　　　　みんなうるさいな。 ○ぽんちゃんが目をおさえてしゃがみこんだとき、るっぺはどんなことを思ったか。 ・ごめんなさい。 ・わがままなことをやりすぎてしまった。 ・みんなの言うことを聞いておけばよかった。 3　自己を振り返る ○自分がやっている「気持ちよく過ごすために大切なこと」をるっぺに教えよう。 ・ぼくは前日に次の日の準備をしているから、あわてないよ。 ・私は夜更かしせずに早く寝ているから、早起きができるよ。	・わがままな気持ちを考えさせるために、登場人物に自我関与させる。 ・価値理解や人間理解に基づいた考えを出せるように、わがままを言う側と、それを指摘する側に分かれ、役割演技を行う。 ・自分勝手な行動をとっているときの思いを自分との関わりで考えられるようにする。 ・友達のわがままで迷惑をかけられたときの気持ちを自分との関わりで考えられるようにする。 ・自分の身勝手な行動で友達に迷惑をかけてしまったときの気持ちを自分との関わりで考えさせる。 ・わがままな気持ちが自分にもあることに触れた上で自己を振り返らせる。 ・実際に心がけている大切なことを手紙に書くことで、自分の行動を振り返ることができるようにする。
終末	4　教師の説話を聞く	・教師自身が気持ちよく生活を送るために心がけていることについて話をする。

板書計画
心情の違いや変化を構造的に示す板書構成

　るっぺの自分勝手な1日の気持ちと、友達からの考えを整理してまとめることで、価値理解と人間理解を構造的にまとめる。

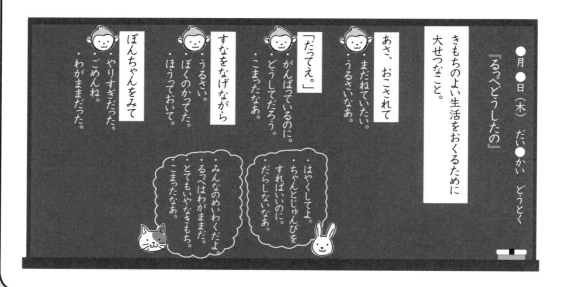

授業の実際

1　体験的な学習（役割演技）の実際

T　るっぺはぴょんたと一緒に登校します。ぴょんたに「遅れちゃうよ。」「靴をちゃんと履けよ。」と言われてもるっぺは「だってえ。」と口を尖がらせます。るっぺとぴょんたはそれぞれ、どんなことを思っているのでしょう。2人になりきって表現してみましょう。
（るっぺ役、ぴょんた役に、それぞれ名札や被り物などを付け、変身させる。）
C1（ぴょんた役）　早めに用意しておけばいいのに。
C2（るっぺ役）　やろうとしているのに、うまくいかないなあ。
T　役を交代してやってみましょう。
（役を入れ替え、同様のやり取りをする）
T　2人とも、こんな気持ちでいたんだね。
（人を変え、2〜3組行う。その後、出た意見を板書に整理してまとめる。）

T　学校についた後も、るっぺは砂を投げています。この時の2人は、どんな気持ちでいるのかな？
（るっぺ役、みけねこ役に変身させる。）
C1（みけねこ役）
　　嫌がることをしないでよ。迷惑だよ。
C2（るっぺ役）
　　うるさいな。ほっといてくれよ。
（役を入れ替え、同様のやり取りをする。2〜3組行う。）

T　るっぺの気持ちを見ていくと、なんだか気持ちよく生活できていないみたいだね。そして、るっぺの投げた砂はポンちゃんの目に入ってしまいます。そのとき、るっぺはどんなことを思ったのでしょう。

体験的な学習（役割演技）のポイント

役割を交代して演じることで、「わがまま」について多面的・多角的に考えられるようにする。

双方の気持ちを板書に整理することで、多様な感じ方や考え方を学べるようにする。

役割を交替して発言することで、わがままな行動に対して、多面的・多角的に捉えられるようにする。

るっぺや友達になりきることで、自分との関わりで考え、発言できるようにする。

2　自己の振り返り

T　（板書を振り返りながら）るっぺは今日1日、気持ちのよい生活を送ることができなかったね。でも、わがままをしちゃっているときのるっぺの気持ちって、みんなも普段の生活で思うことありませんか。
C　もっと寝ていたいときあるよ。
C　うるさいなあって思うことある。
T　それなのに、みんなは気持ちのよい生活を送っているってすごいことだよね。今日はるっぺにみんなが気持ちよく生活するために心がけていることを教えてあげよう。
（ワークシート等を活用し、るっぺに手紙を書く。）
C　私は次の日の準備を前の日にしているから、朝はあわてなくてすむよ。るっぺも頑張ってみてね。
C　夜遅くまで起きていると、朝起きられないから、早く寝るようにしているよ。るっぺも早く寝るといいと思うよ。
T　みんなのお手紙がるっぺに届くと、るっぺも気持ちのよい生活を送れるようになるかも知れないね。先生も気持ちのよい生活を送るために気を付けていることがあります。

········· 評価のポイント ·········
　本時の指導の意図は、登場人物に自我関与し、わがままな気持ちを考えつつ、規則正しい生活を送るために大切にしたいことを考えることである。児童の考えや学習状況は、発言やるっぺへの手紙（ワークシート）などから把握する。

るっぺどうしたの

主　題	内容項目	主として自分自身に関すること
自分らしさを生かして	A 個性の伸長	

第2学年

その他

まんががすき
―まんが『サザエさん』を作った長谷川町子―

出典　文部科学省「わたしたちの道徳　小学校1・2年」

1　ねらい

自分自身を見つめ、自分の特徴について気付き、よさを伸ばそうとする心情を育てる。

2　主題設定の理由（指導観）

●ねらいとする道徳的価値（価値観）

個性の伸長では、児童の特徴をよく理解し、一人一人に寄り添った指導をしていくことが大切である。児童が自分の特徴に気付くと共に、自分自身を見つめていくことで各々が自分のよさについて考え伸ばしていこうとする心情を育てていきたい。

●児童の実態（児童観）

児童は、友達のよさを認め励まし合えるようになってきた。一方で、活動の楽しさのみに留まってしまい、自分自身の長所についてじっくりと考えることが少ない。自分自身を見つめ、自分の特徴やよさについて考えさせていきたい。

3　教材について（教材観）

●教材の概要

国民的アニメ『サザエさん』を作った長谷川町子の話である。困難や挫折を乗り越え、自分の長所を生かしていこうと努力する町子の思いや姿勢から、自分の個性に気付く大切さ、長所を伸ばしていく素晴らしさが感じられる。この話の中で終始変わらないものは何か、また母の言葉の重みも考えさせることで、長所や得意なことを大切にしていくことが重要なのだと気付かせることができる教材である。

●教材活用の視点

中心発問では、自分自身を見つめ自分の特徴に気付き、積極的に自分の長所を伸ばすことの大切さを考えるために、「まんがを描く力がないと思った町子はお母さんの『町子には生まれながらに絵をかくりっぱな力がある』という言葉を聞いて、どんな気持ちだったでしょう。」という発問をし、自我関与させながら励ましを受けたときの気持ちを考えさせたい。

4　指導のポイント

自分自身を見つめ、自分の特徴について気付き、よさを伸ばそうとする心情を育てるために、児童の思いや考えを、話合い活動を通して行っていく。主人公町子に自我関与させ、自分の思いを赤、赤青、青の3つのカードを使って提示させ、話合いへとつなげていく。話合いを通して人がもっている長所について考えさせていきたい。

学習指導過程

	学習内容	指導上の留意点
導入	1 自分のよい所や友達のよい所を発表する （アンケートの結果より） ・足が速い。　　　　・歌が得意。（自分のよい所） ・みんなに優しい。　・字がきれい。（友達のよい所）	・事前に行ったアンケートをもとに、自分のよい所や友達のよい所をいくつか取り出し板書する。
展開	2 教材『まんががすき』を視聴し話し合う 〇毎日のように好きなことを絵に描いているとき、町子はどんな気持ちだったでしょう。 ・楽しいな。 ・もっと上手になりたいな。 ・お母さんに見せたら褒めてもらえるかな。 ・絵を描くことは私の得意なことだ。 〇おもしろいことが思いつかず、まんがが描けなくなった町子はどんな気持ちだったでしょう。 ・もう、私にはまんがを描く才能がないんだ。 ・なんで、描けなくなっちゃったんだろう。 ・悔しいな…。 ・もう、やめたい。 ◎お母さんの『町子には生まれながらに絵をかくりっぱな力がある』という言葉を聞いて、町子はどんな気持ちだったでしょう。 赤 ・自信をもって頑張ってみよう。 ・やっぱり絵を描くのが好きだから頑張ってみよう！ 赤青 ・頑張ってみようかな。 ・大人になったら描こうかな。 青 ・お母さんの言葉なんて信じられない。 ・やっぱり私には絵なんて描けない。	・「サザエさん」の挿絵を提示し、話の概要を押さえる。 ・紙芝居形式で教材提示をする。 ・好きなことをしているときの気持ちを自分との関わりで考えさせる。 ・自分が得意だと思っていたことに自信を失ったときの考え方・感じ方を話し合い、人間理解を深める。 ・自分のよさを励まされたときの思いを自分との関わりで考えさせ、自分の特徴に気付き、価値理解を深める。 ・町子の気持ちを3つに分類整理し、自分が一番近い考えを選ばせ、選んだ理由を発表し、考え方・感じ方を深めさせる。
	3 自分自身のことを振り返り、得意なことや好きなことをさらに伸ばすためにはどうするかを発表する 〇自分のよい所や得意な所はどんなところですか。もっと伸ばすように頑張ったことはありますか。 ・長縄が跳べるようになった。もっとスムーズに跳べるように練習する。 ・友達の得意な所も見て、よい所は真似をしていこう。	・自分のよいところに気付いたことなどを出させ、それをこれからどうしたいかを考えさせる。
終末	4 担任からの一言メッセージを読む	・児童の長所が書かれた内容のメッセージを手渡す。

主として自分自身に関すること

まんががすき

板書計画

話合いを通して価値理解を深める板書構成

町子の思いを自分との関わりで考えさせることで、よさを伸ばそうとするときの考え方、感じ方を赤、赤青、青のカードを使いながら話合い、価値理解を深める。

授業の実際

1 児童の反応を確かめながら

T 町子は、漫画がうまく描けなくなって悩んでいたのですね。そんなとき、お母さんが励ましてくれましたね。お母さんの言葉を聞いて町子はどのように思いましたか。
C お母さんが励ましてくれるから漫画を描けるようになるかな。
C よし、もう1回描こう！
T では、みなさんが言ってくれたことを整理します。「もう1回描いてみよう」、と思う人は赤いカード、「ちょっとまだ心配だな」という人は赤と青を混ぜたもの、どちらの色がどれくらい多いか出してみてください。「私には絵を描く力がない」という人は青いカードを出して置いてみましょう。
C 私は赤にしました。お母さんがいてくれればできると思ったからです。
C ぼくは、赤と青にしました。まだ本当に描いていないからうまく描けるか分からない。
T 赤が入っているのはどうしてですか。
C お母さんが言ってくれたから、もっと描けるかなと思った。
C 私は、お母さんが言ったことも本当になるかどうかは分からないから赤と青の両方にしました。
T どうしてそう思うのですか。
C まだ、漫画を紙に描いて本にしていないから分からない。だけど、お母さんが応援してくれるから本当に描くときは（漫画を描くときは）上手にかけるかもしれないと思ったから。
C 私は赤にしました。絵も描けたんだから漫画も描けると思ったからです。
（児童の思いを話合いにより確認）

中心発問での話合いのポイント

色カードを活用して話合いを行い、道徳的価値について多面的・多角的に考えられるようにする。

中心発問では、主人公町子の気持ちの葛藤を自分事として考えさせるため、色カードを使う。誰がどの色の気持ちか分かるように提示し、各色の気持ちを聞いていくようにする。

友達の考えを聞いていく中で、初めの意見と変わる場合がある。その際は、どのように変わったか色カードで示し再度考えを述べさせる。

2 全体での話合いから個々のまとめ

T 色々な意見が出てきましたね。今まで町子の気持ちを聞いてきましたが今度はみなさんのことについて聞かせてください。自分のよいところや得意なことはどんなところですか。
C お母さんのお手伝いをするところ。
C 将棋。
C ドラムができる。
C 優しいところ。
C サッカーが得意。
T では、こんなところをもっと伸ばすため、よくするために頑張ったことはありますか。
C 縄跳びを先生に褒められた。もっと褒められるように練習した。
C 将棋が得意でお母さんに教えてもらって、何回も練習した。
C 走るのを速くするために腕をいっぱい振ってみた。

T 自分のよいところを伸ばすために練習したり、教えてもらったりしたんですね。今日は、みなさんのよい所をメッセージで書いてきました。今日のメッセージは先生のお話の代わりです。
（一人一人にメッセージを手渡す）

──────── 評価のポイント ────────

本時の指導の意図は、人には必ず長所があることについて、自分との関わりでしっかりと考えたり意見を述べたりすることである。

児童が、自分のよさや得意なこととなる考えや思いを自分事として考えている学習状況を発言やつぶやきなどから把握する。

まんがすき

主題		内容項目	主として自分自身に関すること

自分でやることはしっかりと　A 希望と勇気、努力と強い意志

第2学年

小さな努力のつみかさね
—二宮金次郎—

出典　文部科学省「わたしたちの道徳　小学校1・2年」

1　ねらい

　自分の夢や目標のために、強い意志をもち、やるべきことは最後まであきらめずに行おうとする心情を育てる。

2　主題設定の理由（指導観）

●ねらいとする道徳的価値（価値観）

　人間としてよりよく生きていくためには、自分自身を高めていこうとする意欲を持つことが大切である。夢の実現は目標を決め、その達成に向けて努力するとともに、やり抜こうとする忍耐力が求められる。達成したときの喜びや充実感、努力することへのよさに気付けるよう指導したい。

●児童の実態（児童観）

　児童は学習目標及び生活目標などが達成できたことへの喜びを感じている。一方で「達成できたか、できなかったか」の結果しか見ておらず、その過程でやるべきことや努力の必要性を感じる機会が少ない。夢や目標を実現させるためには、それに向けての強い意志をもち困難があっても努力が必要であることに気付かせたい。

3　教材について（教材観）

●教材の概要

　本教材は江戸時代に生きた二宮金次郎の生き方について書かれている。幼くして両親を失くした金次郎が「家をつくり直したい。」という夢に向かって、困難があっても努力し続ける姿を中心として描かれている。

●教材活用の視点

　夢の実現のためには困難がありくじけそうになること、そうであっても夢の実現への強い意志を持ち、諦めずに努力し続けることの大切さを考えられるようにした。

4　指導のポイント

　自分の夢に向かって困難があっても努力を続ける主人公に自我関与させながら学習を展開する。努力を続けることの大切さについて考えさせるために、役割演技を取り入れながら主人公に共感させて話し合わせる。その際にねらいとする道徳的価値の理解を深めさせるために、教師が相手役となり夢への実現が困難な状況であることを明らかにしていく。

学習指導過程

	学習内容	指導上の留意点
導入	1　二宮金次郎とその時代背景について知る	・登場人物に自我関与できるように写真を活用し当時の時代背景について示す。
展開	2　『小さな力のつみかさね』を読んで、話し合う ○まんべえおじさんに「明かりに使う油がもったいないから早く寝なさい。」と叱られ勉強ができなくなったとき金次郎はどんな気持ちだったか。 ・もっと勉強したいのにな。 ・明かりがもったいないから、もう勉強はできないな。 ・もう叱られたくないから、やめよう。 ・しかたない。もうやめよう。 ◎金次郎はどんなことを考えながら、菜種をまいて世話を続けているのだろう。 ・頑張って育てるぞ。 ・やり続ければ必ず、また勉強ができるようになる。 ・菜種をたくさん育てて、勉強をしたい。 ・たくさん勉強をして早く一人前になりたい。 ・夢をかなえるための、大切な一歩なんだ。 ○菜種を油にかえ、勉強することができたとき、金次郎はどんなことを思ったか。 ・あのときあきらめないでよかった。 ・努力を続けてよかった。 ・頑張ればいつか夢は叶うんだな。 3　今までの自分を振り返り、ワークシートに書く ○自分で決めた目標に向かって頑張っていることはありますか。	・夢や目標の実現の難しさについて考えさせるために、困難な状況であきらめようとする思いを自分事として考えられるようにする。 ・努力を続けることの大切さについて考えさせるために、夢の実現への強い意志をもちながら努力する思いを役割演技を取り入れながら共感させて話し合わせる。 金次郎：児童　叔父：教師 ・小さな努力の積み重ねが夢や目標の達成へ繋がり、そこには喜びや充実感があることに気付かせるために、目標を達成したときの思いを自分事として考えられるようにする。
終末	4　教師の説話を聞く	・努力を続けている児童の様子を話すことで、あきらめない気持ちや努力していこうとする思いをもてるようにする。

小さな力のつみかさね

板書計画

教材の世界に入り込み、登場人物への自我関与を促す板書構成

　児童にとってなじみのない時代背景を、写真やキーワードを提示しながら、教材の世界に入り込みやすくし、登場人物への自我関与を促すような板書を構想する。

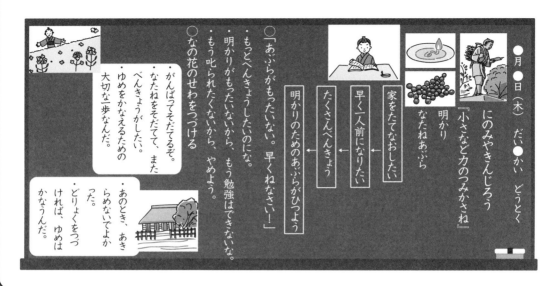

授業の実際

1　役割演技の実際

【1組目】
T　（まんべえおじさん）お前はどんなことを考えて菜の花の世話を続けているんだい？
C　（金次郎）大きくなってほしいな。
T　そんなに簡単には菜の花は育たないよ。
C　頑張って世話を続けていればいつかはできる。

【2組目】
T　お前はどんなことを考えて菜の花の世話を続けているんだい？
C　精一杯がんばろう
T　何で頑張ってるの？
C　早く勉強がしたいから。
T　育てるってすごく大変なんだよ
C　それでも頑張る。
T　どうしてそんなに頑張れるの？
C　夢をかなえたいから。

【3組目】
T　お前はどんなことを考えて菜の花の世話を続けているんだい？
C　油をとって早く勉強したい。
T　そんなに急ぐことないんじゃないか？
C　早く一人前になりたいから。
T　たまには休んで遊んだら？
C　楽をしていたら、いつまでたってもできるようにならないよ。

T　役割演技を見ていて、他に金次郎はこんなことを考えていたのではないかなということはありますか。
C　金次郎は本当に勉強がしたいんだと思いました。
C　家を作り直すために頑張ってるんだな。

読み物教材の学習のポイント

役割演技を行い、登場人物へ共感させて話し合わせる。

教師が相手役をすることで、夢への実現が困難な状況を明らかにし、「それでも努力したいという」強い意志を引き出させるようにする。

ペープサートを使って動かすことで、登場人物になりきって話すことができました。

2　教材の時代背景を理解させる導入の実際

T　この人を知っていますか。（写真提示）
C　知らない。
T　「にのみやきんじろう」という人です。この人が生きていた時代は江戸時代です。この頃は、誰もが学校に通えたわけではありません。子供が仕事をすることもあります。
C　お金がないんだ。
T　そういう時代なので、明かりも電灯ではないです。どうしていたと思いますか。
C　ろうそくを使っていた。
T　そうですね。でもろうろくも高くて買えなかったそうです。（写真提示）お皿の中でひもを燃やします。このままだとすぐ燃え尽きてしまうね。
C　油みたいなものがある。
T　そうです。この油を菜種油といいます。今だったら油はスーパーにありますね。
C　（この時代は）ない。作るの？
T　菜種は菜の花の種です。（写真提示）
C　育てるのかな？
T　そうです。でもたくさん育てないと、たくさん種は取れませんね。たくさんの種から油をしぼりとります。（写真提示）こうすることで、やっと明かりをつけることができます。

-------- 評価のポイント --------

本時の指導の意図は、児童が主人公に自我関与して、夢や目標に向かって最後までやるべきことを行おうとする思いを考えることである。児童が努力することの難しさや大切さ、そこにある強い意志を考えている学習状況を発言やつぶやきなどから把握する。

主として自分自身に関すること

小さな努力のつみかさね

主題	内容項目	主として人との関わりに関すること
思いやりをとどけよう	B 親切、思いやり	

第2学年
ぐみの木と小鳥

学図 光村
日文 光文
学研 廣あ

出典　文部省「小学校道徳読み物資料とその利用5」

1　ねらい

身近にいる人に温かい心で接し、親切にしようとする態度を育てる。

2　主題設定の理由（指導観）

●ねらいとする道徳的価値（価値観）

よりよい人間関係を構築するには、お互いが相手に対して思いやりの心をもって接するようにすることが不可欠である。相手の立場を考えたり相手の気持ちを想像したりしてやさしく接することができるように具体的に親切な行為ができるように指導したい。

●児童の実態（児童観）

児童は、家族のほかに学校の人々、友達などと関わりが増えてくる。しかし、自分中心の考えることがあり、限られた友達に思いやりの気持ちや親切な行為がとどまっている。困っている人や、弱い立場の人を思いやり、温かい心で接し、親切にすることの大切さに気付かせていきたい。

3　教材について（教材観）

●教材の概要

ある日小鳥は、ぐみの木が姿を見せないりすを心配していることを知る。代わりに様子を見に行くと、りすは病気で寝ていた。小鳥はぐみの実を渡し、ぐみの木が心配していたことを伝える。次の日も小鳥は、りすの様子を見にぐみの実をくわえて行く。その次の日は、嵐だった。嵐を見つめじっと考えていた小鳥は、ぐみの実をくわえ、りすのところへ嵐の中を飛び立っていく。無事にたどりついた小鳥にりすは感謝の気持ちを伝えた。

●教材活用の視点

思いやり、親切とは何かを、学級全体で追求していく。そこで人の立場や気持ちを考えて相手を思いやり親切にすることのよさを考えさせるために、児童を小鳥に託して語らせ、相手に親切にすることの思いを考えられるようにさせたい。

4　指導のポイント

読み物教材の登場人物への自我関与を中心に授業展開する。教材へ関心を高め、場面の様子を捉えやすくし、登場人物の心情を考えやすくするため、ペープサートを利用しながら教材提示をする。また、中心発問では自分の考えをもち、心のグラフを活用し少人数や全体での話合いを通して、主体的に道徳的価値について考えることができるようにする。

学習指導過程

	学習内容	指導上の留意点
導入	1　友達に親切にしてもらったこと、親切にした経験について発表する ○親切にしてもらったこと、親切にしたことはあるか。 ・けがをしたときに保健室に連れて行ってくれた。 ・〇〇をかしてあげた。	・親切にされたときの経験を想起することにより、ねらいとする道徳的価値への方向付けをする。
	思いやりや親切にするために、大切なことは何だろう。	
展開	2　教材『ぐみの木と小鳥』を聞いて話し合う ○小鳥はどんな気持ちでりすの様子を見に行ったのでしょう。 ・ぐみのおれいに。 ・ぐみの木がりすを心配していたから。 ・りすさんはだいじょうぶかな。 ◎おさまらない嵐を見ながら小鳥はどんなことを考えていたでしょう。 ・こんなひどい嵐ではとばされるので無理かな。 ・どうしよう。 ・りすさんはどうしているかな。 ・まっているかもしれない。 ・りすさんのためにがんばろう。 3　これまでの自分の生活を振り返り、発表し、話し合う ○相手の立場や気持ちを考えて思いやりや親切にしたこと、しようと思ったことはありますか。 ・忘れ物をして困っている人に貸してあげた。 ・荷物が重そうだから、手伝ってあげた。	・ペープサートを使って登場人物について説明し、場面絵とともに資料を提示し、話の内容を捉えやすくする。 ・親切にすることのよさや難しさを多面的に考えられるように小鳥の葛藤を想像させる。 ・自他の考えを視覚的に捉えるため、円グラフを活用しながら少人数で伝え合い、自分の考えを深める。 ・今までの自分を具体的な姿を通して見つめることができるようにする。 ・親切にする対象が友達以外にも広がるよう下級生や家族、地域の人たちのイラストを表示する。
終末	4　教師の説話を聞く	・教師自身が親切にされてうれしかった経験談を話す。

主として人との関わりに関すること

ぐみの木と小鳥

板書計画

場面絵を用いて登場人物への自我関与を促す板書

登場人物の心情を時系列で分かりやすく整理し、相手を思いやる気持ちについて自分事として考えられるように構成する。

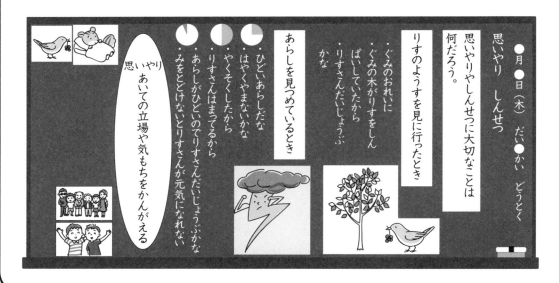

授業の実際

1 中心的な発問での話合い

T 次の日嵐でした。おさまらない嵐を見ながら小鳥はどんなことを考えていたでしょう。

C 今日は行けるかな。

C 早く晴れてほしい。

T 嵐で風や雨が強いからですね。

C りすさんは大丈夫かな。

C 早くりすさんに届けたい。

C ぐみの実は届けたいけど、嵐で行けないから早く止んでほしい。

C 嵐の中でも、りすさんに行くと約束したから行こう。

T 嵐のことが心配、りすのことが心配という気持ちを青色と桃色で心のグラフで示して、ペアで説明しましょう。

C （青色が多い）嵐はこわい。飛ばされるから。でも、りすさんが病気だしりすさんの病気が重くなる。

C （桃色が多い）りすさんは病気だからほっとけない。頑張って行こう。

C （全部桃色）りすさんが心配。りすさんは病気だから、その日の嵐で病気がひどくなるかも。だから、急いで行こう。

C （青色と桃色がそれぞれ半分）りすの病気も心配だけど、嵐も危ないから止んでからにしよう。

T 嵐で吹き飛ばされるかもしれなくても飛び立って行ったよね。どんな考えからかな。

C その前の日に、絶対行くと約束したから。

C 嵐の中で風が強いと、りすさんが危ない。

C 嵐が来たらもっと寒くなってもっと病気が悪くなる。だから、顔が見たい。

読み物教材の活用のポイント

児童の登場人物への自我関与を促すために、教材提示や話合いを工夫する。

- 教材へ関心をもち、場面の様子を捉えやすくし、登場人物の心情を考えやすくするため、ペープサートを利用して教材提示をする。
- 場面写真を提示し児童の経験を想起させることで、問題を自分事として捉えられるようにする。
- 相手の気持ちや立場を考えて親切にすることのよさを考えさせるため、親切な態度を支える考えや思いを心のグラフを用いることで明らかにし、友達との意見交換を進んで行えるようにする。

2 道徳的価値の自覚を深めるための発問

T さっき、約束したから行くと言ってたけど約束してなかったら行かないのかな。
C ぐみの木さんが心配しているのでぐみの木さんのこと思って。
C りすさんが行かないと、ぐみの木さんは行けない。
T ぐみの木さんの気持ちも考えたのですね。
C りすさんが病気のとき、ちょっとでもよくなっているのに、嵐がひどいのでもっともっと重くなったらいけない。
C 妹がお休みして、熱があって心配だった。熱が早く下がってほしいと思ったので、小鳥さんはりすさんのことを心配していたと思う。
T 小鳥が嵐の中行けたのは、相手の立場や気持ちを考えることができたからなのですね。小鳥は相手を思いやって親切にすることが大切だと思ったのですね。これまでに、相手の立場や気持ちを考えて親切にしたことがありますか。どんな考えから親切にしたのか振り返ってみましょう。

> **評価のポイント**
>
> 相手の立場を思いやり親切にしようとした小鳥の気持ちを考えることを通し、相手の立場を思いやり親切にするよさや大切さについて考えを深めたか（本時における価値理解の深まり）。相手の立場を思いやり親切にした自分を振り返っていたか。（本時における自己理解の深まり）【発言や活動の様子、ノート、児童自身の自己評価】

ぐみの木と小鳥

主　題	内容項目	主として人との関わりに関すること

かぞくがうれしいことは　B 感謝

第2学年　　　　　　　　　　　　　　　　　　　　　　　　　その他

おかあさんのたんじょう日

出典　文部省「小学校道徳の指導資料第1集第1学年」

1　ねらい

家族を敬愛し、進んで家の手伝いなどをして、家族の役に立とうとする態度を育てる。

2　主題設定の理由（指導観）

●ねらいとする道徳的価値（価値観）

家族は児童にとってかけがえのない存在であり、家庭は児童にとって心安らげる場である。温かい家庭は、その一人一人が相互に家族を思いやり、その役割を果たすことで構築される。家族のために自分ができることを積極的に行えるように指導したい。

●児童の実態（児童観）

児童は、家族との関わりに喜びを感じ、家族のために自分ができることをやりたいと思えるようになってきている。しかし、家族との関わりや家庭での立場が受け身になりがちである。家族の幸せを考えて行動することのよさや難しさを考えさせたい。

3　教材について（教材観）

●教材の概要

主人公「ジャック」は、母親の誕生日に際してプレゼントをしようと考え、めんどり、がちょう、めうしにアドバイスを求めるがいずれもしっくりとこない。そこで、山のくまにアドバイスをもらうことにする。くまは小声でジャックにアドバイスをする。ジャックは礼を述べて家に帰り、母親に祝意を伝え、自分が書いた母の絵をプレゼントする。母親は繰り返し謝意を表すのであった。

●教材活用の視点

本時では、家族のためになることを児童が自分事として考えられるようにするために、ジャックに自我関与させて、くまの話を聞いたときの思いを考えさせる。ジャックは母親に「お母さんの顔」の絵をおくるが、お母さんの絵はジャック自身の愛情の証である。家族に愛情をかけることを助言されたときの思いを想像させたい。

4　指導のポイント

家族が幸せを考えて行う行為は、決して容易なことではない。自分が相応の労力を費やすことになる。このことに対して、児童が自分のこれまでの経験やそれに伴う感じ方、考え方を基に考え、そのことを友達同士で交流させることで、自分の感じ方、考え方を深める。

学習指導過程

	学習内容	指導上の留意点
導入	1　家族にしてもらったことでうれしかったことを想起し、発表し合う ○今までに家族からしてもらったことで、うれしかったことはあるか。 ・お父さんのから誕生日にほしかったプレゼントをもらってうれしかった。 ・宿題が分からないときにお姉さんが教えてくれてうれしかった。	・家族から世話になった経験を想起することで、ねらいとする道徳的価値への方向付けをする。 ・父母、祖父母、兄弟姉妹など、広く家族との関わりを捉えさせる。
展開	2　『おかあさんのたんじょう日』を聞いて、家族のためにすることのよさや難しさを考える ○ジャックは、どんな考えからめんどり、がちょう、めうしに「お母さんにあげるものはないか」と聞いたのだろう。 ・お母さんは何がほしいのだろう。 ・みんなの考えを聞いてプレゼントを決めよう。 ・何をあげたらいいのか分からない。 ◎くまから、自分がかいたお母さんの顔の絵をあげたらどうかという話を聞いたとき、ジャックはどんなことを考えただろう。 ・うまくかけるか心配だなあ。 ・絵なんかでお母さんは喜んでくれるかなあ。 ・上手に絵をかくのは大変だなあ。 ・お母さんが喜ぶように頑張ろう。 ○お母さんに「ありがとう」と言ってくれたとき、ジャックはどんな気持ちだったか。 ・お母さんが喜んでくれてよかった。 ・お母さんが喜んでくれて自分もうれしい。 ・これからもお母さんのために頑張ろう。 3　家族にために役立ったこと想起して話し合う ○今までに家族のことを考えてしたことで、家族に喜んでもらったことはあるか。それはどんな気持ちからしたことか。	・父母に対する様々な感じ方、考え方をもとに、自分の家族との関わりを考える。 ・家族に喜んでもらいたいときの思いを自分との関わりで考えさせる。 ・児童にジャックと動物たちを演じさせて、家族に対する思いを想像させる。 ・家族のために努力することのよさや難しさを多面的に考えさせるようにする。 ・自分の努力が家族に役立ったとき、そのことの謝意を受けたときの気持ちを自分事として考えさせる。 ・家族のことを考えてしてことやその背景について想起することで自己の生き方についての考えを深められるようにする。
終末	4　教師の説話を聞く	・教師自身が家族のためにしたこと、しようと思ってできなかったことを話す。

おかあさんのたんじょう日

主として人との関わりに関すること

板書計画
道徳的価値の実現のよさや難しさを追究する板書構成

　本時の「家族との関わり」を視点に、「家族のこと考える」ことについて、自分の感じ方、考え方が明らかになることに留意した板書を構想する。

授業の実際

1　導入のポイント

T　くまはジャックに小さな声で何かを教えましたね。それは、自分がかいたお母さんの顔の絵をあげたらどうですかというお話でした。
　ジャックは、お母さんに絵をあげることになりますが、くまの話を聞いたときは、いろいろなことを考えたと思います。ジャックはどんなことを考えたしょう。
（結果を押さえて過程を考えさせることで、自分事として家族との関わりを考えられるようにする。）
C　それはいい考えだなあ。
C　くまさんはいいことを教えてくれた。
T　ジャックは絵が上手だったのかな。
C　ぼくはあまり絵が上手じゃないからうまくかけるかなあ。
C　下手な絵だとお母さんは喜んでくれないかもしれません。
T　では違うプレゼントの方がいいですかね。絵をかくことは大変ですものね。
C　くまさんのお話を聞いたときは、どうしようかなと思いましたが、お母さんにおめでとうという気持ちで頑張ってかきます。
C　お母さんのために一生懸命かきます。
C　たまごやまくらよりも、自分がかいた絵の方がいいです。
T　お母さん、おめでとうという気持ちでかくのですか。
C　お母さんに喜んでほしい。
C　お母さんの顔の絵は、誕生日の記念になります。
T　上手な絵でなくても大丈夫ですか。
C　お母さん、おめでとうと思ってかけば大丈夫です。
C　一生懸命かけばいいです。

自我関与を深める工夫

児童の登場人物への自我関与を促すために、教材提示や話合いを工夫する。

- 児童が自分事として考えられるようにするために、登場人物のイラストを提示して親近感をもたせる。
- 児童にジャックとめんどり、がちょう、めうしを演じさせる劇化を取り入れることで、登場人物と自分自身を重ねあわせることができるようにする。
- 中心発問では、家族のためにすることの難しさを考えさせるために、「絵をかくことは大変ではないか」「本当に上手くかけるのか」などの問い返し、自問自答を促すようにする。

2 自己の生き方についての考えを深める

T ジャックはお母さんのことを考えて、一生懸命にかいた絵をプレゼントしましたね。みなさんも家族のためにしたことで、家族に喜んでもらえたことはありますか。思い出してみましょう。
（教材を通して自分事として考えた家族との関わりをより深めるために、書く活動により直接経験を想起させる。）
C お母さんが出かけているときに雨が降ってきたので、洗濯物を入れました。お母さんにありがとうと言われました。
C お母さんが疲れたと言ったので、肩をたたきました。お母さんはいい気持ちと言いました。
（母親以外をあげた児童を意図的指名）
C おばあちゃんと一緒に買い物に行って荷物を持ってあげました。
T みなさん、いろいろなことをしましたね。それはどんな気持ちからしたのですか。
C お母さんに楽をなってもらいたいなあと思ってやりました。

······ **評価のポイント** ······

児童が教材を通して主人公に自我関与して家族にためにすることを考えていたかを発言やつぶやきをもとに把握するようにする。気になる発言やつぶやきをした児童については授業後に聞き取りをする。また、具体的に自己を見つめさせるために自分自身の経験を想起し書く活動を取り入れる。

おかあさんのたんじょう日

主題	内容項目	主として人との関わりに関すること
気持ちのよいあいさつ	B 礼儀	

第2学年

たびに出て

廣 あ

出典　文部科学省「小学校道徳読み物資料集」

1　ねらい

気持ちのよい挨拶や言葉遣いなどに心がけ、明るく接しようとする態度を養う。

2　主題設定の理由（指導観）

●ねらいとする道徳的価値（価値観）

礼儀は相手を尊重する気持ちと、作法としての形が一体となって表れてこそ、そのよさが認められる。礼儀正しい行為をすることによって、自分も相手も気持ちよく過ごせるようになる。はきはきとした気持ちのよい挨拶や言葉遣い、具体的な動作などに心がけ、明るく接しようとする態度を養いたい。

●児童の実態（児童観）

登下校時や身近な人々と関わる中で、児童は形としては挨拶をしているが、恥ずかしがったり面倒くさがったりしてしまう姿も見られる。本時の学習では、気持ちのよい挨拶や言葉遣いができるのは、どのような考えや思いがあるからを考えさせ、礼儀正しく、明るく接しようとする態度を養いたい。

3　教材について（教材観）

●教材の概要

さるのケイタは、挨拶をすることが面倒くさいと感じ、旅に出た。ケイタは挨拶のない島にたどり着いたが、その島のさるたちに声をかけても、みな黙って行ってしまう。木の上でじっと考えたケイタは、次の日、思い切って自分から挨拶をした。ケイタが何日も挨拶を続けると、島には元気な挨拶があふれ出した。

●教材活用の視点

ケイタに自我関与させ、気持ちのよい挨拶や言葉遣いができるのは、どのような考えや思いがあるからかという問題に対する自分自身の考えを見つめさせる。元気な声で挨拶をしているときの思いを、ケイタになりきって考えさせることで、気持ちのよい挨拶や言葉遣いなどに心がけ、明るく接しようとする態度を養いたい。

4　指導のポイント

問題解決的な学習をさせるために、導入で自分の経験を思い起こさせた上で問題を設定し、その問題に対して一人一人が自分自身の考えや思いを深めていくように授業を構成する。

学習指導過程

	学習内容	指導上の留意点
導入	1 挨拶をしている場面を思い起こす ○毎日、どのような挨拶をしていますか。 ・朝は「おはようございます」と言っている。	・ねらいとする道徳的価値への方向付けをするとともに、自分事として考える構えをつくるために、自分の経験を思い起こさせる。
	気持ちのよいあいさつや言葉づかいができるのは、どのような考えや思いがあるからか。	
展開	2 『たびに出て』を読んで、話し合う ○旅に出るとき、ケイタはどんなことを考えていたでしょうか。 ・毎日挨拶をするのが面倒だ。 ・恥ずかしくて、挨拶ができない。 ○木の上でじっとしながら、ケイタはどんなことを考えていたでしょうか。 ・挨拶をしないと話しかけにくい。 ・楽しくないし、さびしい気持ちになる。 ・自分から挨拶をしよう。 ◎ケイタが元気に挨拶をしたのは、どんな考えや思いからでしょうか。 ・挨拶をすると、互いに気持ちがよい。 ・心が温かくなる。 ・その場が明るくなる。 ・次も話しかけやすい。 3 自分の経験を振り返る ○気持ちのよい挨拶や言葉遣いができたことはありますか。そのとき、どのような思いでしていましたか。 ・毎日、登校したときに仲良しの友達に「おはよう」と言っている。自分も相手も明るい気持ちになるようにと考えていた。	・教材の状況を児童に理解させるために、教師が読み聞かせる。 ・挨拶のよさを感じていないときの思いを、ケイタになりきって考えさせる。 ・挨拶のない環境の中で暮らしているときの思いを、ケイタになりきって考えさせる。 ・元気な声で挨拶をしているときの思いを、ケイタになりきって考えさせる。 ・言葉で書くことで自分の考えをより明確にさせるために、ワークシートに書かせてから話し合わせる。 ・自分事として考えさせるために、児童の経験を想起させる。
終末	4 教師の説話を聞く	・教師自身が気持ちのよい挨拶や言葉遣いをしているときの思いを感じた経験談を話す。

たびに出て

板書計画

教材を通して挨拶のよさについて考えさせる板書構成

場面絵を用いて、挨拶をしないときと、するときの心情の違いを対比的に分かりやすく構成する。

授業の実際

1　問題設定の場面

（導入から問題づくり）
T　毎日、いろいろな場面で挨拶をしていると思いますが、どのような挨拶をしていますか。
C　朝は「おはようございます」と言っています。
C　帰るときは「さようなら」と言っています。
T　そうですね。他には、どんな挨拶をしていますか。
C　「こんにちは」です。
C　「こんばんは」です。
C　「失礼します」です。
T　いくつも挙がりましたね。ときには友達同士などで「おはよう」と言うこともあるでしょうが、「おはようございます」と言う方が、よい言葉遣いですね。
T　では、これらの挨拶をするとき、どのようにしていますか。いつでも明るく元気に、はきはきとできているでしょうか。
C　できているんじゃないかな。
C　いや、あまりできていないよ。
C　できているときと、できていないときがあるんじゃないかな。
T　どうやら、違いがあるようですね。では、気持ちのよい挨拶や言葉遣いができるのは、どのような考えや思いがあるからでしょうか。今日は、このことについて、みんなで考えていきましょう。
　今から読む話の中に、さるのケイタという子が出てきます。ケイタが挨拶について、どのような思いをもっているのかを、ケイタになりきって考えながら、話を聞きましょう。

問題解決的な学習のポイント

挨拶という身近な題材をもとに礼儀について考え、児童一人一人が自分自身を振り返ることができるように授業を展開する。

ポイント①
児童の実態から、気持ちのよい挨拶や言葉遣いをすることのよさを考えさせるため、礼儀正しい態度を支える考えや思いを問題にする。

ポイント②
児童の経験を想起させることで、問題を自分事として捉えられるようにする。

ポイント③
「気持ちのよい挨拶や言葉遣いができるのは、どのような考えや思いがあるからか」という問題について、「互いに気持ちがよい」「心が温まる」「場が明るくなる」「次も話しかけやすい」という背景を導き、これらをもとに一人一人が自分自身の考えや思いを振り返るようにする。

2 問題解決から個々のまとめ

（中心発問）
T ケイタが元気に挨拶をしたのは、どんな考えや思いからでしょうか。
C 挨拶をすると気持ちがよいからです。
T 誰の気持ちがよいのかな。
C 自分の気持ちです。
C 相手の気持ちも、よいと思うな。
T 自分も相手もお互いに、2人とも気持ちがよいということだね。
C 心が温かくなる。
T 詳しく話して。
C 心がポカポカして、うれしくなる。
C その場所が明るくなる。
T どういうことかな。
C 自分と相手の2人だけではなくて、周りの人たちも明るい気持ちになる。
C 今日はこれで終わって別れても、今度からも話しかけやすい。

T みんなから出された考えや思いの中で、どれが一番強いと思いますか。一番強いと思うものに手を挙げましょう。（分類整理した児童の考えを教師が1つずつ読み上げ、児童に挙手させる。）

-------- 評価のポイント --------
児童の発言やワークシートに書かれた内容から、ねらいとする道徳的価値に関わって、自分との関わりで考えていたか、多面的・多角的に考えていたか、自分の生き方について考えていたかを把握し、評価に生かす。

たびに出て

主題	内容項目	主として人との関わりに関すること
仲良く、助け合う心	B 友情、信頼	

第2学年

ゆっきとやっち

学図 日文①
※①：第1学年掲載

出典 文部省「小学校読み物資料とその利用『主として他の人とのかかわりに関すること』」

1 ねらい

友達と仲よくし、助け合おうとする態度を養う。

2 主題設定の理由（指導観）

● **ねらいとする道徳的価値（価値観）**

友達は家族以外で特に深い関わりをもつ存在であり、友達関係は共に学んだり遊んだりすることを通して、互いに影響し合って構築されるものである。身近にいる友達と一緒に、仲良く活動することのよさや楽しさ、助け合うことの大切さを実感できるように指導していきたい。

● **児童の実態（児童観）**

友達と一緒に活動することのよさや助け合うことの大切さを実感できている。一方で、自分に不利な状況や利害が及ぶと、友達の立場を理解したり自分と異なる考えを受け入れたりすることが難しい場合がある。友達と仲良くし、助け合うことの難しさを中心に考えさせたい。

3 教材について（教材観）

● **教材の概要**

みつばちのゆっきとやっちは、仲良しの友達である。2人はみつばちたちの競争に参加する。「ぼくは、だれにもまけない」と自信満々のやっちだが、途中で、おなかを痛め、スピードが落ち、みんなに抜かされてしまう。やっちに追いついたゆっきは、やっちの様子がおかしいことに気が付く。「ぼくのことは　いいから　先にいけよ」と言われたゆっきは、迷いながらも、やっちと一緒に飛んでいくのだった。

● **教材活用の視点**

友達と仲良くし、助け合うことの難しさを考えさせるために、児童をゆっきに自我関与させ、いつもと様子の違ったやっちを目の前にしたときの思いを考えられるようにする。

4 指導のポイント

友達と仲良くし、助け合うことの難しさ自分事として考えられるように、役割演技を取り入れる。「友達と仲良くし、助け合おうとする」ゆっきと、「友達のことを考えずに行動しようとする」ゆっきの両方の心の迷いを考えさせる。演技が終わったら、役割を交代して、異なった考え方や感じ方などに対する認識を深め、多面的に考えさせる。また、演技を見ている子供たちには、自分の考えと、比べながら演技を見るようにさせ、他者理解を深めさせる。

学習指導過程

	学習内容	指導上の留意点
導入	1　みなさんは、どんなとき、友達と助け合っていますか ・勉強を教えたり、教えてくれたりしている。 ・学校を休んだ友達に、宿題や次の日の持ち物を教えてあげた。	・日常の友達に関わる体験に関心を向けさせる。 ・友達と助け合うことについて想起させる。
展開	2　『ゆっきとやっち』を読んで話し合う ○ゆっきは、やっちに「ぼくは、だれにもまけないんだから」と言われたとき、どんな気持ちだったでしょうか。 ・そんなこと言われて、悲しい。 ・負けないぞ。 ◎おなかをおさえてくるしそうな　やっちを見ているゆっきは、どんな思いだったでしょうか。 ・今なら、やっちに勝てるかもしれない。 ・さっき、ぼくに意地悪を言ったから、助けなくてもいいよ。 ・やっちが、かわいそうだな。心配だ。 ・このまま、やっちをおいては行けないよ。 ・やっちは、友達だから助けてあげたい。 ○２人でならんで飛んでいるとき、ゆっきはどんな気持ちだったでしょうか。 ・一緒にゴールまで行けてよかったな。 ・やっちと一緒だとうれしいな。 ・やっちが元気になってよかった。 3　友達と助け合うことの難しさについての考えや思いを振り返る ○友達と助け合うことが大変だな、難しいなと思ったことはありますか。どんなことですか。	・教材への理解を深め、道徳的価値について考えやすくするために、ゆっきとやっちが競争している様子を示し、教材提示を行う。 ・友達から、自分勝手な行動をされたときの考え方、感じ方を自分との関わりで考えさせる。 ・友達のことを考えて行動するときと、友達のことを考えず、自分の思いを優先しようとするときの２つの考えを自分との関わりで考えさせる。 ・友達に対する思いを多面的に考えさせるために役割演技を取り入れる。 ・友達と助け合ったときの考え方、感じ方を自分との関わりで考えさせる。
終末	4　教師の説話を聞く	・難しいと感じながらも友達と助け合った経験を話す。

主として人との関わりに関すること

板書計画

多面的・多角的に考えられるようにする板書構成

　道徳的価値について多面的・多角的に考えられるように、ゆっきの心情の葛藤を分かりやすく示す。

授業の実際

1　中心的な発問（役割演技の場面）

T　「やっちのことを助けてあげたい」という気持ちのゆっきと「やっちのことは助けなくてもいいんだ」という気持ちのゆっきで話をしましょう。○○さんは、助けてあげたい気持ちのゆっき役です。△△さんは、助けなくてもいい気持ちのゆっき役です。見ている人たちは、自分だったら、どんなことを話すか考えながら見ましょう。
（役割演技）
C1　やっちのことを助けてあげたいな。
C2　助けなくてもいいよ。今なら、やっちに競争で勝てるよ。
C1　競争なら、また次にできるよ。
C2　やっちが元気になると勝てないよ。
C1　このまま、置いていくなんて、かわいそうだよ。
C2　でも、さっきぼくのことをばかにしたよ。それに、先に行ってと言っていたよ。
C1　そんなことできないよ。
T　では、次はそれぞれの役割を交代して演じてみましょう。
T　見ている人たちはどう思いましたか。
C3　今しか勝てない。どうしても勝ちたいです。
C4　勝ちたいけど、やっちは友達だからお腹が痛いのにそのままにはできないです。
T　「競争に勝ちたい」「さっき、ひどいことを言われた」「先に言っていいよと言われた」などのゆっきの気持ちがありましたね。いろいろな思いがあり、悩んでいたのですね。

体験的な学習のポイント

役割を交代して演技を行うことで、多面的・多角的に考えられるようにする。

葛藤が生じる2つの自我を推定して演じさせる。役割を交代することにより、異なった立場や考え方、感じ方を多面的に考えさせるようにする。演技後には演技を見ていた児童と話し合い、道徳的価値の理解を深めるようにする。

友達のことを考えて行動するときと、友達のことを考えず、自分の思いを優先させるときの考え方、感じ方を自分との関わりで考えさせる。

やっちを助けてあげたい気持ちのゆっき

やっちを助けなくてもいいと思うゆっき

2　自分自身を振り返る

T 友達と一緒に過ごしていると、仲良くしたり助け合ったりしてうれしいと思うことだけでなくて、ときには助け合うことができなかった。大変だなと思うことがありますか。どんなことがあったか、思い出してみましょう。

C 友達のプリントが終わってなくて、教えてと言われたけど、遊びたかったから、遊びに行ってしまったことがありました。

T 遊びたい気持ちだったのですね。教えていたら、遊ぶ時間がなくなりますね。

C 友達と、グループで発表の練習をしていたら、○○さんが泣いてしまいました。どうしたのか聞きたかったけど、みんな練習をしているし、練習が止まっちゃうから、どうしようかと思いました。

T そっか。泣いている友達のことを考えると、声をかけたいけど、でもグループの練習も大切ですよね。

C 絵をかいていたら、友達が真似したから、「真似しないで」と言っちゃいました。真似されたのが、ちょっと嫌でした。

T 自分の絵を真似されて、ちょっと嫌だったのですね。友達と仲良くすることや助け合うことは、難しいこともありますね。いろいろな思いがあるのでしょうね。

--- **評価のポイント** ---

本時の指導の意図は、ゆっきに自我関与させ、友達と仲良くし、助け合うことの難しさについて考えることである。助け合うことの難しさや困難さを自分事として考える学習状況を役割演技や発言などから把握する。

ゆっきとやっち

主 題	内容項目	主として集団や社会との関わりに関すること
まわりのことを考えて	C 規則の尊重	

第2学年
おじさんからの手紙

学図① 廣 あ
日 文
※①：第1学年掲載

出典 日本文教出版「小学どうとく 生きる力」

1 ねらい

きまりや約束をしっかりと守っていきたいという心情を育む。

2 主題設定の理由（指導観）

●ねらいとする道徳的価値（価値観）

集団や社会を構成する一員として、自他の権利を尊重し、互いが気持ちよく安心して過ごすためには、周囲への配慮の上、きまりを守ることが大切になってくる。なぜ、きまりを守ることが大切であるかを理解し、守ろうとする心情を育みたい。

●児童の実態（児童観）

児童は、きまりは「守らなくてはいけない」という意識はもつことはできている。しかし、目先のことにとらわれ自分の思いのままに行動する姿も見られる。なぜ、きまりが大切なのか、大切にすることにどんなよさがあるのかを考えさせたい。

3 教材について（教材観）

●教材の概要

本教材は、遠足にむかう小学生と乗り合わせた「おじさん」が、後日、その小学生に宛てた手紙の形式をとっている。手紙の内容は次の通りである。

「おじさん」は、予想される小学生たちの騒がしさに嫌悪感をもちながら目を閉じたが、車内で静か過ごし降車する小学生の姿に、同乗した人皆が笑顔になり、おじさんも、その日一日をなんとなく愉快に過ごせたのであった。

●教材活用の視点

教材の中の小学生の「電車の中で声を出さなかったときの思い」を学級全体で話し合い、学級でできるだけたくさんの理由を挙げさせる。そして、その理由について話し合う中で、公共の場所で大切にするべきことや、約束があることの意味を捉えさせたい。

4 指導のポイント

導入で「電車にはどんな人がのってくるか」と問うことで、いろいろな人が利用することを具体的に捉えさせる。その上で、電車の中で声を出さなかったときの思いを自我関与させながら考えさせ、その心の中を図で表すことで、公共の場所を利用するときにはどんな心持ちが大切であるかを追究させ、自分自身もそうありたいという心情を育むことにつなげる。

学習指導過程

	学習内容	指導上の留意点
導入	1　電車には、どんな人が乗ってきますか 　・会社に行く人　　・赤ちゃん 　・お出かけをする人　・お母さん 　・買い物にいく人　・おじいちゃん	・公共の場では、いろいろな人が利用していることを具体的に理解させる。
展開	2　『おじさんからの手紙』をもとに、話し合う ○「いやだな。」と思ったのはおじさんだけだったでしょうか。 　・周りの人みんな。 　・赤ちゃんが起きるから。 　・病気の人もいるかもしれない。 ○電車にいた人みんながにこにこになったのは、どんなことを思ったからでしょう。 　・小学生なのに静かに過ごしてえらいな。 　・小学生なのにほかのお客さんのことを考えて静かにしてえらいな。 　・ありがとうという気持ちになった。 ○小学生たちが声を出すことをしなかったのは、どのような思いからでしょうか。 　①先生に言われたから　　②迷惑と思ったから 　③注意されたから　　④おじさんの気持ちを考えたから 　⑤周りの全員のことを考えたから ○「心の○」に番号書き入れましょう。 　⑤が一番大きい。 　→みんな一緒にいるから　迷惑かけたらいけない。 　①もちょっとだけ。 　→本当はしゃべりたいから。我慢しているから。	・同乗しているいろいろな人に目を向けさせ、それぞれに事情や理由があることを捉えさせる。 ・静かにするというマナーが、周りのことを考えて行動することにつながっているものであることを捉えさせる。 ・声を出さなかった理由をたくさん挙げさせる。理由に番号を打ち、「心の○」の中に、番号を書かせ、その占める割合で自分の考えを表現させる。また、それを根拠に自分の考えを出しやすくさせる。 ・自分の書いた「心の○」をもとにその理由を話し合わせ、電車の中で静かにする理由を自分のことばで表現させ、交流し、理解を明確にさせる。
	3　小学生の心の○と自分の心を比べ、これまでの自分自身を振り返る	・道徳ノートに書かせて、自分自身を見つめさせる。
終末	4　身近なみんなで使う場所、使う物などが、きまり守って利用されている写真を見たり、できていることを出し合ったりする	・自分たちが今できていることにも目を向けさせ、本時の学習につなげ、他のことへの意欲につなげる。

主として集団や社会との関わりに関すること

おじさんからの手紙

板書計画

「なぜ、そうするのか」根拠が視覚的に分かりやすい板書

児童にとって分かりにくい「みんな」と、小学生たちが「静かにした根拠」を視覚的に児童にとって捉えやすい板書を構想した。

授業の実際

1　自分ごととして捉え、話し合う

T　小学生が電車の中で声を出すことをしなかったのはどんな思いからでしょうか。
C　迷惑と思ったから。
T　先生に言われたからじゃないの？
C　ちがう！ちがう。（口々に）
C　おじさんのことを考えてあげたから。静かにして欲しそうだなあって、なんとなく分かったの。
C　それもあるんだけど、子ども同士で注意しあっていたんじゃないかな。
T　どんなことを考えて注意をし合うの？
C　おじさんだけじゃなくて、電車に一緒に乗っている人全員のことを考えたら、静かにしないといけない。
C　そう！だって、眠たい人だっているかもしれないし。
C　赤ちゃんとか病気の人も。
T　それでは、心の○の中に、①から⑤の番号を書きましょう。
C　①はちょっとだけ…。⑤がいっぱい！
C　④と⑤両方が大きいよ。
T　どんな心の○ができたか、見てみましょう。
（机上の心の○を見てまわらせ、ペアで見せ合い、話し合わせる）
T　①の先生に言われたからがとても小さい人が多いですが、どうしてかな。
C　言われたからだったら、なんかいやでにこにこにならない。
C　言われたからじゃなくてちゃんと分かってたから⑤が大きい。
C　全員のことを考えないとだめってちゃんと分かってたんだと思う。
T　小学生たちの心の○と今までの自分の心の○をくらべてみましょう。

読み物教材活用のポイント

思いを多様に考えさせるために工夫する。

導入で、「公共の場所」「みんなが過ごす」ということを具体的に捉えさせ、その思いを考えさせる場のイメージづくりを大切にする。考えやすく、また、考えるべきことを明確にするようにする。

「心の○」を用いることで、理由を一面的に表現させるのではなく、自分自身の考えが反映されるようにする。

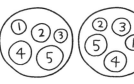

2　子どもたちの振り返りから

T　今までの自分と今日の心の○を比べたり、心の○を書いて考えたりしたことを教えてください。

C　一緒にいる人の気持ちに気付かないといけないなあと思いました。

C　今までは、言ったことがなかったけど電車とかの中では静かにしなさいって言ってあげたくなった。

C　わたしは、先生に言われたから静かにしたのかなあと思っていたけれど、最後にはみんなのことを思って静かにしたんだなあと思いました。

C　電車の中とかには、眠たい人とかいろんな人がいるんだなと思った。みんなのことを考えないといけないんだなあと思いました。

C　みんなのことを考えたら、にこにこになると思った。

C　まわりの人の気持ちが分かるってすごいなあと思った。わたしも、そんなことに気付くことができる人になりたいと思った。

> ……… 評価のポイント ………
>
> 本時は、児童が教材中の小学生の立場にたって、なぜ、「声を出さずに過ごすことができたのか」を考えた上で、自分自身を見つめることがポイントである。道徳ノートの記述や心の○で表現したこと、ねらいに向かう授業中の発言などをもとに評価する。

主として集団や社会との関わりに関すること

おじさんからの手紙

主　題	内容項目	主として集団や社会との関わりに関すること
だれとでもなかよく	C 公正、公平、社会正義	

第2学年

ゲーム

その他

出典　文部省「小学校道徳の指導資料　第3集　第2学年」

1　ねらい

自分の好き嫌いにとらわれないで、誰とでも仲良くしようとする態度を育てる。

2　主題設定の理由（指導観）

●ねらいとする道徳的価値（価値観）

人間は自分と異なる感じ方や考え方に違和感を覚えたり、多数ではない立場や意見などに対し偏った見方をしたりすることが少なくない。誰とでも仲良くしよりよい集団をつくるために、自分の好き嫌いにとらわれないで行動できるようにしたい。

●児童の実態（児童観）

児童は、友達を仲間外れにすることがよくないことは理解している。しかし、自己中心的な考えから自分の好き嫌いで態度を変えることもある。誰とでも仲良くできるようにするために、そのようなふるまいを受けたときの、辛さや悲しさを考えさせたい。

3　教材について（教材観）

●教材の概要

教材は、4つのイラストで構成されている。本時では「なかまはずれ」を活用する。
縄跳びと石蹴りをしている際に、友達を遊びに入れずに仲間外しにしてしまうといった内容である。

●教材活用の視点

ともすると自分たちの都合で仲間外しをしてしまい、仲間外れになった立場の気持ちに気付けないことも少なくない。仲間外しをされた立場の思いを中心に、仲間外しをしてしまう側の考え方など多面的に考えさせたい。

4　指導のポイント

誰とでも仲良くしようとする態度を育てるために、「仲間外れにされたときの感じ方、考え方はどのようなものか」といった問題を追究する。問題解決的な学習で道徳的価値の自覚を深めていく。児童が自分との関わりで考えられるようにするためにイラストの子どもに自我関与させていく。

学習指導過程

	学習内容	指導上の留意点
導入	1 遊びやゲームをしていて嫌な思いをしたことはなかったかどうか話し合う 〇みんなで遊んでいて嫌な思いしてしまうのはどのようなときか。 ・けんかになってしまったとき。 ・いじわるをされたとき。 ・仲間外れになったとき。	〇具体的な事例から人物が特定されないように留意する。 ・具体的な事例ではなく、嫌な思いをする事象だけを取り上げるようにする。
展開	2 学習問題を共有する 　なかまはずれになるとどんなきもちになるだろう。 3 学習問題についてイラストをもとに考える 〇縄跳びをしている子供たちはどんな気持ちか。 ・楽しい。 ・何回続けて跳べるか楽しみだ。 ・みんなが引っ掛からないといいな。 〇みんなはどんな考えで「へただ」と言っているのだろう。 ・上手な人たちとだけ遊びたい。 ・下手な人が入るとつまらなくなってしまう。 〇ぼくはどんな考えでよしおくんを入れなかったのか。 ・せっかく楽しく遊んでいるのだから。 ・自分がける回数がすくなくなってしまう。 ◎１人ぼっちでいる友達やよしおくんはどんな気持ちだろう。 ・自分も一緒に遊びたい。 ・どうして入れてくれないのか悲しい。 ・学校が楽しくなくなってしまう。 　かなしい　つらい　さびしい　学校にいきたくない 4 誰とでも仲良くした体験を想起して、自分の在り方を自覚させる 〇今までに迷ったけれども友達を仲間にいれたことはあるか。それは、どんな考えからか。	・不公平に扱われたときの気持ちを考えることを確認する。 ・自分たちの好きなことをしているときの気持ちを想像させる。 ・つい自分たちのことばかり考えて仲間外しをしてしまうときの考え方を想像させる。 ・自分たちのことばかり考えがちな思いを考えさせる。 ・仲間外れになった側の気持ちを自分事として考えさせる。 ・多様な感じ方、考え方を引き出すようにする。 ・仲間外れになったときの感情を板書する。 ・誰に対しても分け隔てなくした体験をもとに自分自身を振り返る。 ・書く活動を取り入れる。
終末	5 教師の説話を聞く	・教師自身が公平にされてうれしかった経験を話す。

主として集団や社会との関わりに関すること

ゲーム

板書計画

問題解決に向けて多面的な考え方を促す板書構成

本時の「公正、公平」に関わる問題を明示して、イラスト教材をもとに自分との関わりで考える学習を促すような板書を構想する。

授業の実際

1　導入から問題設定まで

T　みなさんは、みんなで遊んでいて嫌な思いをしてしまうことはありましたか。どんなときか教えてください。
C　ドッジボールをしていて、なかなかボールをくれないときです。
C　ドッジボールのとき、当たったのに当たってないと言って外野に行かない人がいるときです。
C　当たった、当たってないで言い合いになったときです。
T　ドッジボールのほかはありますか。
C　たかおにをしていて、高い所に上ろうとしているのに邪魔されたときです。
T　意地悪をされてしまったときですか。
C　サッカーをしようとして、仲間に入れてもらえなかったときです。
C　自分の好きな人だけでチームを作って入れてもらえなかったときです。
C　Aちゃんは入れてくれなかった。

T　今は○○さんのようにお友達のことをいうのではありません。どんなときを教えてください。分かりましたか。
（特定の個人を取り上げることのないような配慮をした。）
C　みんなが遊んでいるのに仲間に入れないとかなしい。
C　遊んでいて下手くそとか言われると嫌な気持ちです。
T　たくさん教えてくれましたね。みんなが楽しく遊んだり、勉強したりできるいいのですが、ときどき仲間外れの人が出てしまうこともありますね。
　　今日はみなさんと一緒に、仲間外れになったときの気持ちを考えていきます。
（学習問題のカードを提示する）

> なかまはずれになると
> 　　　どんなきもちになるだろう。

問題解決を促す学習のポイント

児童が学習問題を自分事として捉えられるようにする。

公正、公平、社会正義に関わる日頃の道徳教育の結果から、児童にもっとも考えさせたいことを学習問題にすることが大切である。

児童が学習問題をいかに自分事として捉えるかが指導の工夫の目的となる。学習は自分に関わることという意識をもたせるような導入を工夫する。

本時の学習の中心は、仲間外れのなったしまったときの気持ちを追究することである。そのためにともすると仲間外しをしてしまう思いも考えさせる多面的な展開を工夫する。

2 問題に対する児童一人一人の考え方を発表し合う

T さて、縄跳びに入れてもらえなかった友達がいました。1人ぼっちでしたね。石蹴りに入れてもらえないよしおさんもいましたね。友達やよしおさんはどんな気持ちだったでしょうか。考えてみましょう。
（児童が自分事として考えられるように間をとる）
C みんなと一緒に遊べなくて悔しい。
C どうして仲間外れにするの。
T そのときはどんな気持ちですか。
C 悲しいです。
C 入れてくれない友達のことが大嫌いになります。
C もう学校に行きたくなくなってしまいます。
T なるほど、自分も学校に行きたくなってしまうなあという気持ちの人はいますか。
（挙手多数）
C みんなで遊べれば楽しいけど、仲間外れになったらちっとも楽しくないから、学校に行きたくないです。
T みなさんの発言をまとめてみます。
　くやしい　かなしい　友だちが大きらい
　学校に行きたくない　つらい

評価のポイント

児童がともすると仲間外れをしてしまうことがあることを自分事として考えているか、仲間外れになったときの気持ちを考えているかを発言やつぶやき、ワークシートの記述とともに把握する。
また、多様な感じ方、考え方に気付いていたか否かを観察を通して把握する。

ゲーム

主　題	内容項目	主として集団や社会との関わりに関すること
みんなのために働く	C 勤労、公共の精神	

第2学年
みんなのニュースがかり

廣 あ

出典　文部科学省「小学校道徳　読み物資料集」

1　ねらい

働くことのよさを感じて、みんなのために働こうとする心情を育てる。

2　主題設定の理由（指導観）

●ねらいとする道徳的価値（価値観）

仕事に対して誇りや喜びをもち、働くことや社会に奉仕することのよさを実感させることは非常に重要である。働くことのよさを感じさせながら、みんなのために役立とうとすることの大切さを感得できるように指導したい。

●児童の実態（児童観）

みんなのために働くことを楽しく感じている児童が多い。一方で、少し批判を受けたり、自分が面白くなくなったりすると継続して働くことが難しいこともある。意欲をもって働き続けることのよさについて十分に考えさせたい

3　教材について（教材観）

●教材の概要

ニュース係のけいすけは友達の紹介を記事に書いて掲示した。しかし、その情報は正しくないものも含まれており、友達から非難される。急いでそのニュースをはがし、落ち込むけいすけに、ゆいが励ましの言葉をかける。再度奮起し、正しい情報を調べ直したけいすけは、もう一度ニュースを書いた。評判の高いニュースを作ったけいすけに対し、ひろしは、「けいすけくんは、みんなのニュースがかりだね。」と温かい言葉をかけた。

●教材活用の視点

本資料には、一度は挫折したが、ニュースを書き直し、友達から自分の仕事に対して評価されるけいすけの姿が鮮明に描かれている。この部分を中心発問とし、意欲をもって働き続けることの大切さについて考えさせたい。

4　指導のポイント

本時においては、登場人物への自我関与を意図し、中心発問で価値理解を図りたい。また、意欲をもって働き続けることの難しさについても考えさせるために、友達から非難を受けたときのけいすけにも共感させ、人間理解を図りたい。

学習指導過程

	学習内容	指導上の留意点
導入	1　みんなのためになる仕事にはどのようなものがあるか考え、発表し合う ○みんなのためになる仕事にはどのようなものがありますか。 　・掃除当番、給食当番、係の仕事、家の手伝い	・みんなのためになる仕事について出させることで、本時の道徳的価値への方向付けを図るとともに児童の問題意識を高める。
展開	2　『みんなのニュースがかり』を読んで話し合う ○「みんなのしょうかいをかいたんだ。どうかな。」といったのけいすけはどのような気持ちだったか。 ・自分は仕事ができるんだ。 ・みんなのためにやった仕事だ。 ・次もみんなのために書こうかな。 ○みんなから自分が書いたニュースについて非難されている時、けいすけはどのような気持ちだったか。 ・もう二度とやりたくない。 ・せっかくみんなのために書いたのに残念。 ・次は正しいものを書かないと。 ○ニュースを作り直し、「みんなのことがよくわかるね。」「けいすけくんはみんなのニュースがかりだね。」と言われたとき、けいすけはどのような気持ちだったか。 ・頑張って仕事をすれば認められるんだ。 ・みんなのために仕事をすると気持ちがいい。 ・自分の仕事のおかげで、みんなが喜んでくれてうれしい。 ・これからもみんなのためにニュースを書き続けよう。 3　自分自身を振り返って話し合う ○今までに、みんなのために働いたことがあるか、それはどのようなことか。また、そのときどのような気持ちだったか。	・自分の仕事に誇りをもって取り組み、得意になっているけいすけに共感させることを通して、みんなのために働くことに対する感じ方や考え方を出させる。 ・一生懸命取り組んだ仕事に対して非難されたけいすけに共感させることを通して、みんなのために働いたことが認められなかったときの感じ方や考え方を出させる。 ・ニュースを作り直し、その仕事が賞賛されたけいすけに共感させることを通して、みんなのために働いた結果認められたときの感じ方や考え方を出させる。 ・個別学習の時間を確保し、自分との関わりで考えさせるためにワークシートを活用する。 ・けいすけに共感することを通して自分との関わりで勤労について考えることができたか。 ・みんなのために働いた経験とそのときの気持ちについて話し合うことを通して自分との関わりで勤労について考えさせる。
終末	4　教師の説話を聞く	・みんなのために働くことに関する説話を聞かせることで、本時の学習をまとめる。

みんなのニュースがかり

板書計画

他者理解を意図し、発言を分類整理して示した板書

　右から左にかけて望ましい感じ方、考え方を示し、重要な視点である「みんな」という言葉にサイドラインを引くことで児童に印象付ける工夫を行う。

授業の実際

1　人間理解を図る基本発問

T　せっかくみんなのためにやった仕事だったのに、みんなから文句を言われてしまったね。このとき、けいすけは、どのような気持ちだったでしょうか。
C　言葉は悪いけど、ふざけるなっていう気持ち。
T　もう少し詳しく聞かせてください。
C　もう二度とやりたくない。いやな気持ち。
T　そうだよね。他にはどうですか。
C　せっかく仕事をしたのにもう嫌だ。
T　仕事は誰のためにしたんだっけ？
C　みんなのためにやったのに、もうしたくない。
T　みんなのために働いたのに、認められないのは嫌だよね。このように、いやな気持ちだったと思う人はいますか。ここに書かれている気持ち以外の考えの人はいますか。
C　これからは注意しないと。
T　何に注意しようと思っているのですか。
C　何をやっているかとか、気を付けないといけないと思っている。
T　どのようなことですか。
C　例えば、サッカーが違ったり、ピアノの発表会の日が違ったり、紹介が間違っていると迷惑になる。
T　誰にとって迷惑になるのですか。
C　友達みんなの迷惑になる。
C　正しい情報だ。
T　友達みんなの迷惑になるから、特に正しいかどうか、確認して書かないといけませんね。せっかくみんなのためにと思ってやった仕事が、迷惑になったら残念だからね。（中心発問の学習が充実するために、この場面では、人間理解を十分に深めさせる。）

登場人物に共感させ、追体験させるための学習のポイント

場面絵の提示や役割演技を通して自我関与を促す。

ポイント①
中心発問においてみんなのために仕事をするよさについて考えさせるために、第2の基本発問では人間理解を図る発問を行う。

ポイント②
板書に意見をまとめる際、分類整理するだけではなく、自分がどれに一番近いか、自分と友達の考えの違いは何かなど、絶えず注目させながら授業を進めることが大切となる。

ポイント③
中心発問では、みんなのために働くことのよさについて考えさせる。出てきた意見を板書しながら、勤労に関わる内容の背景となる「公共」に関する、「みんな」というキーワードにサイドラインを引くなど、視覚的に印象付けられるようにする工夫が必要となる。

2 価値理解を意図した中心発問の場面

T 文句を言われたけど、けいすけはニュースを一生懸命直して再度掲示しました。そして、「みんなのニュースがかりだね。」と言われました。このとき、けいすけはどのような気持ちだったでしょうか。
C みんなのためにやると気持ちいいな。
T みんなのためにやった仕事だものね。
C みんなが喜んでくれてうれしい。
T もう少し詳しく聞かせてください。
C 自分がやった仕事のおかげで、みんなが喜んでくれるから、うれしいと思う。
T みんなが喜んでくれる仕事なんですね。
C 頑張ってやれば認めてくれるんだ。
T 誰が認めてくれるのですか。
C 友達、みんなが認めてくれる。
T 仕事は頑張るとみんなが認めてくれるんですね。
C これからもみんなのためにニュースを書き続けよう。
T 自分の仕事をみんなのために続けていこうと思っているんだね。けいすけは、当然自分の係りの仕事をやっているんだけど、だれのためにやっているのかな。
C みんな。

評価のポイント

本時はみんなのために働き続けることのよさについて考えさせることを意図して行った。そのため、中心発問のけいすけに共感する場面、同様に、その前の人間理解を図る場面、また、自分の経験を振り返って考える学習において、見方が広がっているか、自分との関わりで考えているかを見取りたい。

みんなのニュースがかり

主題	内容項目	主として集団や社会との関わりに関すること
家族の役に立つ喜び	C 家族愛、家庭生活の充実	

第2学年　　　　　　　　　　　　　　　　　　　その他

コスモスの花

出典　文部省「小学校道徳の指導資料とその利用3」

1　ねらい

父母、祖父母を敬愛し、進んで家の手伝いなどをして、家族の役に立とうとする心情を育てる。

2　主題設定の理由（指導観）

●ねらいとする道徳的価値（価値観）

父母、祖父母を敬愛する気持ちは、家族がかけがえのない存在であると実感することで強くなる。また、自分にできることを行って家庭生活に貢献することで、家族の役に立つ喜びが実感でき、家族や家庭生活を大切にしようとする気持ちが一層強くなる。家族を敬愛し、役に立とうとする心情を育てたい。

●児童の実態（児童観）

児童は、自分に対する家族の愛情に気付き、家族がかけがえのない存在であると実感していたが、家庭生活において進んで手伝うなど、積極的に家族と関わり、役に立つ喜びまで考えていたわけではない。本時の学習では、父母、祖父母を敬愛し、進んで家の手伝いなどをして、家族の役に立つことのよさを考えさせたい。

3　教材について（教材観）

●教材の概要

ある日、みちこの家に田舎からおばあさんがやってきた。おばあさんは働き者で、庭に畑を作ったり、みち子に手さげ袋を作ってくれたりした。おばあさんは幾日か泊まると田舎へ帰って行ったが、秋になると庭の畑にはコスモスの花がたくさん咲いた。みち子はおばあさんに手紙を書いた。手紙には花とおばあさん、父母、そして手さげ袋をもった女の子の絵を描いた。

●教材活用の視点

みち子に自我関与させ、家族のよさとはどのようなものかという問題について、「自分が家族からしてもらうことだけだろうか」ということに重点を置きながら、自分自身の考えを見つめさせる。おばあさんへの手紙を書いているときの気持ちを、みち子になりきって考えさせることで、家族の役に立とうとすることのよさを考えさせたい。

4　指導のポイント

問題解決的な学習をさせるために、導入で自分の経験を思い起こさせた上で問題を設定し、その問題に対して一人一人が自分自身の考えや思いを深めていくように授業を構成する。

学習指導過程

	学習内容	指導上の留意点
導入	1　自分の家族について思い起こす ○家族がいてよかったと思ったのは、どんなときですか。 ・おいしいご飯を作ってくれる。	・ねらいとする道徳的価値への方向付けをするとともに、自分事として考える構えをつくるために、自分の経験を思い起こさせる。
	かぞくっていいなと思うのは、どのようなときでしょうか。	
展開	2　『コスモスの花』を読んで、話し合う ○おばあさんから手作りの手さげ袋をもらったとき、みち子はどんな気持ちだったでしょうか。 ・私にために、ありがとう。 ・うれしいな。大切に使いたい。 ○「おばあさんは花作りの名人なのよ。」という話を聞いたとき、みち子はどんな気持ちだったでしょうか。 ・おばあちゃんは、すごいな。 ・おばあちゃんがいてくれて、うれしい。 ◎おばあさんへの手紙を書いているとき、みち子はどんな気持ちだったでしょうか。 ・たくさん咲いたことを伝えたい。 ・ありがとうという気持ちを伝えたい。 ・手紙を読んだら、おばあちゃんが喜んでくれるかな。 ・私も自分にできることをしたい。 3　自分の経験を振り返る ○家族のよさを感じたことはありますか。また、家族の役に立ちたいと思ったことはありますか。 ・お母さんはいつも仕事から帰ってくると、疲れているはずなのに、料理や洗濯をしてくれる。お母さんの具合が悪いときは、私が代わりにおつかいに行った。	・みち子とおばあさんの行動や状況を視覚的に捉えやすくさせるために、黒板シアターで教材を提示する。 ・家族から手作りのプレゼントをもらったときの気持ちを、みち子になりきって考えさせる。 ・家族が誇れる人だと聞いたときの気持ちを、みち子になりきって考えさせる。 ・家族への手紙を書いているときの気持ちを、みち子になりきって考えさせる。 ・言葉で書くことで自分の考えをより明確にさせるために、ワークシートに書かせてから話し合わせる。 ・自分事として考えさせるために、児童の経験を想起させる。 ・行為だけではなく、そのときの気持ちも振り返らせる。
終末	4　教師の説話を聞く	・教師自身が家族の役に立つ喜びを感じた経験談を話す。

主として集団や社会との関わりに関すること

コスモスの花

板書計画

登場人物の心情を構造的に表した板書構成

　ペープサート等を使いながら児童の発言を視覚的に分かりやすく整理し、自我関与を促すように板書を構想する。

授業の実際

1　問題設定の場面

（導入から問題づくり）
T　家族がいてよかったと思ったのは、どんなときですか。
C　おいしいご飯を作ってくれるときです。
C　困ったときに話を聞いてくれました。
C　病気のときに看病してくれたときです。
T　いくつか挙がりましたね。他にも、いろいろなときがありそうですが、このようなときに家族っていいなと感じるということですね。
　みんなは、○○してくれる、○○してくれたと言っているけれど、家族のよさとはどのようなものでしょうか。家族のよさとは、○○してくれること、家族が自分にしてくれることだけでしょうか。
C　料理や洗濯など、してもらっているよね。
C　いつもしてもらっているから、○○してくれるということしか思いつかないな。
C　反対に、自分が家族にしていることは、あるかな。
C　今までは、あまり考えたことがなかったな。
T　家族っていいなと思うのはどのようなときでしょうか。家族が自分にしてくれることだけでしょうか。今日は、このことについて、みんなで考えていきましょう。
　今から読む話の中に、みち子という子が出てきます。みち子が家族のよさをどのように感じ、どんな気持ちだったのかを、みち子になりきって考えながら、話を聞きましょう。

問題解決的な学習のポイント

家族のよさについて多面的・多角的に考えられるようにする。

ポイント①
児童の実態から、自分が家族から一方的にしてもらうことだけに限らない家族のよさを考えさせるため、家族の一員として役に立つ喜びを問題にする。

ポイント②
児童の経験を想起させることで、問題を自分事として捉えられるようにする。

ポイント③
「家族のよさとはどのようなものか、自分が家族からしてもらうことだけだろうか」という問題について、自分にも「家族にありがとうという気持ちを伝えたい」「家族に喜んでほしい」「私も自分にできることをしたい」という気持ちがあることを導き、これらをもとに一人一人が自分自身の考えや思いを振り返りを行う。

2 問題解決から個々のまとめ

（中心発問から展開後段）
T 手紙を書いているとき、みち子はどんな気持ちだったでしょうか。
C たくさん咲いたことを伝えたい。
C ありがとうという気持ちを伝えたい。
C 手紙を読んだら、おばあちゃんが喜んでくれるかな。
T 手紙には、どんなことを書きたいかな。
C コスモスがたくさん咲いたよ。
T 他にも書きたいことはありますか。
C 花に水を毎日あげるからね。
C 手さげ袋を大切に使っているよ。
C また遊びに来てね。
T 手紙以外のことを考えた人もいたね。
C 私も自分にできることをしたい。
T 手紙以外で自分にできることって、どんなことですか。
C 今度うちに来たら、肩もみをしたい。
C 私も手さげ袋を作ってあげたい。
T みんなで話し合ったことを黒板に書いたけれど、みち子はこのような思い（板書した内容）があったのだろうね。家族のよさがたくさん表れているね。君たちもみち子と同じように、家族のよさを感じたことや、家族の役に立ちたいと思ったことはありますか。

> **……… 評価のポイント ………**
> 児童の発言やワークシートに書かれた内容から、ねらいとする道徳的価値に関わって、自分との関わりで考えていたか、多面的・多角的に考えていたか、自分の生き方について考えていたかを把握し、評価に生かす。

コスモスの花

主題	内容項目	主として集団や社会との関わりに関すること
楽しい学校生活		Ｃ よりよい学校生活、集団生活の充実

第２学年　　　　　　　　　　　　　　　　　　　　　　　　その他

もんた先生大好き

出典 文部省「小学校読み物資料とその利用『主として集団や社会とのかかわりに関すること』」

1　ねらい

先生を敬愛し、学校の人々に親しんで、学級や学校の生活を楽しもうとする心情を育てる。

2　主題設定の理由（指導観）

●ねらいとする道徳的価値（価値観）

教師や学校の様々な人々との活動を通し、学級や学校全体に目を向けさせ、集団への所属感を高めるとともに、学校を愛する心を深められるようにすることが大切である。先生との関わりを思い返しながら、学校生活の楽しさを感じられるよう指導したい。

●児童の実態（児童観）

学校生活を楽しむ中で、教師から受ける影響は特に大きい。児童一人一人と教師が愛情ある関わりをもつことで敬愛する心は育まれる。先生を敬愛する気持ちを考えさせ、そこから、学校生活の楽しさを感じさせたい。

3　教材について（教材観）

●教材の概要

おさるの学校のもんた先生が出張のときに、教室での挨拶、字の練習、掃除の時間など、日常の様々な場面でじろうがこれまでのもんた先生との関わりを思い出す。もんた先生の優しさや励ましを思い返す中で、もんた先生をますます好きになって学校生活を楽しむようになる。

●教材活用の視点

朝の挨拶をした場面、字の練習でもんた先生にもらった花丸を見つめる場面、掃除の雑巾がけをしながら励ましてもらっている場面それぞれで、じろうの気持ちに自我関与して考えることで、先生を敬愛する心情を育てていく。「次の日はいつもより」という言葉を学校生活を楽しもうとする心情を育てていく。

4　指導のポイント

登場人物に自我関与して、その心情を考えることにより先生への敬愛する心や学校生活を楽しもうとする心情を育んでいく。登場人物に自我関与しながら、自分の思いが存分に語れるよう児童が教師や友達と一緒に遊んだり学んだりする経験を導入で想起させる。

学習指導過程

	学習内容	指導上の留意点
導入	1　これまでの学校生活について振り返る ○これまでの学校生活の中で楽しかったことを発表しよう。	・多様な場面での教師との関わりやそのときの気持ちを想起させる。
展開	2　『もんた先生大好き』を読み、話し合う ○「おはようございまあす！」と言ったあと、もんた先生の挨拶がないとき、じろうはどんな気持ちか。 ・先生がいないとさみしいな。 ・もんた先生に会いたいな。 ○花丸がもんた先生のにっこりした顔に見えたとき、じろうはどんな気持ちか。 ・もんた先生に丸をもらってうれしかったな。 ・もんた先生がいなくても頑張らなきゃ。 ・また花丸がもらえるように頑張ろう。 ○雑巾がけの音がもんた先生の声に聞こえてきたとき、じろうはどんな気持ちか。 ・もんた先生が応援してくれる。頑張らなきゃ。 ・応援してくれるから、頑張ろう。 ・応援してくれると気持ちがいいな。 ○次の日、もんた先生と運動場でかけまわるじろうは、どんな気持ちか。 ・もんた先生と一緒だと嬉しいな。 ・もんた先生ともっと一緒に遊びたいな。 ・学校がいつもよりも楽しいな。 3　自己を振り返る ○先生や学校のみんなと過ごして楽しかったことはどんなときか。 ・休み時間にクラス遊びをしたとき。 ・苦手なものが食べられたとき、みんながほめてくれた。	・先生に会えない寂しさを感じさせるために、登場人物に自我関与させる。 ・褒められたときや認めてもらったときの気持ちを感じさせるために、登場人物に自我関与させる。 ・応援してもらったときや励ましてもらったときの気持ちを感じさせるために、登場人物に自我関与させる。 ・児童の発言をもとに、「いつもよりもにこにこして」いる背景にある気持ちを考えていく。 ・導入で想起した場面を再度取り上げたり、児童が実際に活動している写真や動画を紹介したりして、より具体的な場面を児童が想像しながら振り返ることができるようにする。
終末	4　教師の説話を聞く	・児童と生活をする中で教師がうれしかった出来事を紹介する。

主として集団や社会との関わりに関すること

もんた先生大好き

板書計画
教材と自分をつなげる板書構成

学校生活をの様子の写真等を掲示し、そのときの思いを振り返りながら、教材の世界で自分事として語れるような板書を構想する。

授業の実際

1 自我関与して考える

T 出張の翌日、もんた先生とじろうたちはいつもよりにこにこしながらうれしそうに運動場をかけまわっていたんだね。かけまわるじろうたちはどんな気持ちだろう。
C もっともっと走りたい。
C いつもよりも楽しいな。
C うれしいな。
T もっと走りたかったり、楽しかったり嬉しかったりするの？
C もんた先生がいるから。
C じろうたちはもんた先生が大好きなんだよ。だから、うれしいし楽しいんだよ。
T そうなんだね。大好きなもんた先生が一緒だからなんだね。この日は「いつもよりにこにこ」していたんだよね。どうしていつもよりもにこにこしているんだろう。
C 昨日はもんた先生がいなくてさみしかったから。今日はいつもよりもうんとうれしくなったんだよ。
C 出張した日に、もんた先生のことたくさん考えたから、もんた先生のことがもっと好きになったんだと思う。
T おさるの学校は、とても素敵な先生と子供たちなんだね。じろうたちがにこにこしているように、みんなも学校でにこにこになることあったね。
（導入で想起した内容を振り返る。）
　みんなが、先生や学校のみんなと過ごして楽しかったことや、うれしかったことを振り返ってみましょう。
C クラスのみんなと先生と一緒に鬼ごっこをしたことが楽しかった。
C 苦手な給食が食べられたときに、みんながほめてくれて嬉しかった。

読み物教材活用のポイント

場面絵や写真を用いて児童の自我関与を促し、自己の振り返りへつなげる。

> 導入で、学校の生活で楽しかったことやうれしかったことを想起させることで、より自分事として、登場人物に自我関与して考えられるようにする。写真を掲示した場合には、自己の振り返りでも写真を活用してできるようにする。

> 低学年では、教材のその状況が想像しやすい場面絵を用意することで、自我関与して考えさせるための大きな手助けになる。また、板書で場面絵を活用することで、振り返りしやすい板書を構成することができる。

2　自己の振り返り、教師の説話

T　じろうたちがにこにこしているように、みんなも学校でにこにこになることあったね。
　　　（導入で想起した内容を振り返る。）
　みんなが、先生や学校のみんなと過ごして楽しかったことや、嬉しかったことを振り返ってみましょう。
　　　（発言もしくはプリントに記入など。）
C　クラスのみんなと先生と一緒に鬼ごっこをしたことが楽しかった。
C　苦手な給食が食べられたときに、みんながほめてくれてうれしかった。
C　先生が花丸をくれたときに、とてもうれしくて、また次も頑張ろうって思った。
T　みんなの話を聞いていて、先生もにこにこになりました。みんなと学校で過ごす中で、先生もうれしかったことや楽しかったことがたくさんあります。
　　　〇〇をしたとき、みんなが先生のことを頑張れって応援してくれてとてもパワーが出ました。ありがとう！これからもみんなでもっともっと学校生活を楽しくしていきたいですね。

※自己の振り返りや教師の説話で、実際に活動したときの写真や映像などを示すと、児童はより具体的に振り返りやすくなる。

――――――― 評価のポイント ―――――――
　本時の指導の意図は、児童が主人公に自我関与して、先生に対する敬愛の心を育てるとともに、学校生活を楽しもうとする気持ちを考えることである。児童が、自分事として学校生活を想起しながら、楽しさや教師への敬愛の気持ちを考えている学習状況を発言やつぶやきなどから把握する。

| 主　題 | 内容項目 | 主として集団や社会との関わりに関すること |

ふるさとに親しみをもって　C 伝統と文化の尊重、国や郷土を愛する態度

第2学年
ぎおんまつり

日　文　廣　あ

出典　文部科学省「わたしたちの道徳　小学校1・2年」　　　＊P.84では1年生用の展開を掲載

1　ねらい

郷土の文化や生活に親しみをもち、進んで地域に関わっていこうとする態度を育てる。

2　主題設定の理由（指導観）

●ねらいとする道徳的価値（価値観）

郷土愛は人それぞれもち方や対象が異なる。また、自分の住む場所への意識の向け方にも個人差がある。郷土愛を育む要素として、大切な人、事、場所への「関わり」を軸に、子どもたちに改めてその素晴らしさを感じさせ、地域への思いがふくらむよう指導したい。

●児童の実態（児童観）

児童はこの段階で、昔遊びを体験したり、地域の行事に参加して、昔から伝わるものに触れたりする機会が多くなる。この体験が郷土愛へつながるものとなりゆくが、まだ「町を思う心」を意識せずいがちである。よってこの授業を通し郷土を愛する心を深めたい。

3　教材について（教材観）

●教材の概要

一か月前から祇園祭のためにお囃子を習っていた主人公。「やめたい」と思う日もあったが、祭を守ってきた人々の思いを聞いて、頑張ることにした。祭りの日、鉾が曲がり角で倒れそうになる。しかし、みんなの気持ちが1つになって無事曲がることができ、見物客から拍手と歓声をもらう。ぼくはその歓声にうれしい気持ちになる。地域が大切にしている伝統や文化、そこに生きる人々の思いについて考えることのできる教材である。

●教材活用の視点

文中に祇園祭の見物客からあがる歓声と拍手に「ぼく」がうれしさを感じるところがある。その「うれしさ」はどこから来るものなのか、それが郷土を思う心につながっていくことを学級全体で探り確認していきたい。

4　指導のポイント

郷土の文化や生活への親しみを感じる心は児童経験の差が大きい。また、自分の住んでいる所が好きかということをあまり考えたことがない児童との温度差を、グループで話し合うことによって埋める。また、終末にゲストティーチャーの話を聞くことでさらに気付きを深めたい。

学習指導過程

	学習内容	指導上の留意点
導入	1　本時で扱う資料について知る ○「ぎおんまつり」知っている？ ・聞いたことがある。 ・観に行ったことがある。	・本時資料への意識付けである。写真映像等で知らせ興味付けとする。

ぼくがうれしい気持ちになったのはなぜだろうか。

	学習内容	指導上の留意点
展開	2　資料を読み、話し合う ＊本時のねらいとする道徳的価値を知る。 ○「ぼく」はぎおんまつりを見に来ていた人々から歓声や拍手が起きたとき、うれしい気持ちになったのはどんな思いからか。 ・自分が乗っていたからかな？　・よく分からない ○一度、班（グループ）で話し合ってみよう。 ＊ぎおんまつりに関する人たちの気持ちを想像する。 ○おはやしの練習中に「しかられることもありました」とあるが、大人の人たちはどんな思いで「ぼく」をしかるのか？ ・上手くできるようになってほしいから。 ・一緒にぎおんまつりを成功させたいから。 ・ぎおんまつりを楽しみにしている人がたくさんいて、失敗できないから。 ○「ぼく」はほこの上で鐘をたたいていたとき、どんな気持ちだっただろう。 ・練習を続けてよかった。　・うれしい。 ○本当によかったなと思えたのはどんな気持ちからでしょうか。 ・よい本番となった。 ・一生懸命やったから。 3　本時の価値内容について再考し、めあてについて振り返る。 ◎では、もう一度考えよう！「ぼく」はどんな思いから「うれしい気持ち」になったのか？ ・自分も頑張ったけど、一緒に頑張ってきたみんながほめられている気がしたから。	・地域行事への参加率が低い児童もいる。「気持ちがわからないことはダメなことではない」というメッセージを出す。 ・自分の考えをもった上で班で話し合わせる。 ・「お父さんもおじいちゃんに叱られたとあるけど、おじいちゃんもどうして叱るんだろう？」と補足する。 ・「どうして上手くできるようになってほしいと思ってるの？」と切り返し、深める。 ・前の発問時より深まっているポイントを強調する。
終末	4　ゲストティーチャーの話を聞き、自分自身を振り返る	・ワークシートに振り返りを書き、全体交流する。

主として集団や社会との関わりに関すること

ぎおんまつり

板書計画
児童の考えを構造的に示しながら、道徳的価値の理解を図る構成

主人公の心情を構造的に板書しながら、より自我関与が深められるように構想する。

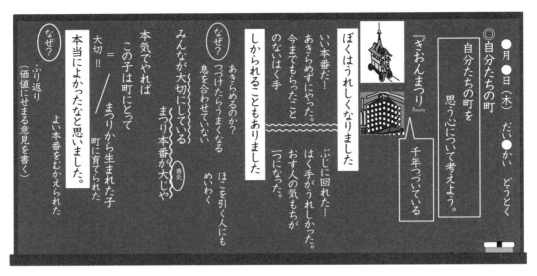

授業の実際

1 本時のねらいと価値を知る

T ぎおんまつりについて知っていますか？
C 聞いたことがあります。
C 京都のお祭りだ。
T 今日のお話の主人公はこのほこに乗っている男の子です。「ぼく」はぎおんまつりを見に来ていた人々から歓声や拍手が起きたとき、うれしい気持ちになったとあります。「ぼく」がどんな思いからうれしくなったのか、みんなで考えましょう。
（後にグループで考えるため、2～3人程度の意見を聞く。）
C 自分が乗っていたからかな？
T では、班で話し合ってみましょう。
（5分間。班でまとめさせる必要はない。小集団で自分の現時点での自分の考えを出させる）
C ○○さんも祭りのだんじりに乗ったことがあるらしいよ。
C うれしいのは自分がみんなに見てもらえるから？
C 拍手ってうれしいよ。
T おはやしの練習中に「しかられることもありました」とありますが、大人の人たちはどんな思いで「ぼく」を叱るのでしょう？
C 上手くできるようになってほしいから。
T どうして上手くなってほしいと思っているの？
C 一緒にぎおんまつりを成功させたいから？
T 真剣に叱ってくれることはあたたかいね。「ぼく」はほこの上で鐘をたたいていたとき、どんな気持ちだったでしょう。
C 練習を頑張ってよかったな。
C よい本番を迎えられた。
T 本当によかったなと思えたのはなぜでしょう？
C 一生懸命やれたから。

問題解決的な学習のポイント

児童が自分事として捉えることができるように様々な導入の工夫を行う。

教材で扱われる「ぎおんまつり」について映像等で紹介し、教材と児童をつなぐようにする。

地域行事への参加率が低い児童もいるため、グループで話し合い、その経験を出し合うようにする。

「なぜぼくが嬉しい気持ちになったのか」という問題について祭りに関する人の気持ちを想像し、本気で関わってくれる大人のいる地域のよさに気付き、またゲストティーチャーの話を聞いて思いがふくらむようにする。

2 問題解決から個々のまとめ

T もう一度考えましょう。ぼくがうれしい気持ちになったのはどんな思いからでしょう？
※「こんな気持ち」は前の発問回答であることを板書で示す。本時の課題の「うれしい気持ち」と混同させないようにする。
※前の発問時より深まっているポイントを強調する
T ゲストティーチャーのお話を聞きましょう。
※地域を愛し活動している人の話を聞くようにする。
※触れ合いや感動を大切にした演出も工夫し郷土への親しみや愛着をより感じられるようにする。
T お話を聞いて、自分自身を振り返ってみましょう。
C 私たちもこの町を大切にしたいなと思うようになった。
C もっと町について知りたいな。
C 私たちの町にはすてきな人がいっぱいいるね。
C ぼくは、この町に住んでいてよかったなと思いました。

評価のポイント

本時の授業の意図は、児童は主人公の「嬉しい気持ち」を想像し、ぎおんまつりに関する人々の思いを知ることであらためて、実際に暮らす地域を振り返ることにある。ゲストティーチャーのお話の後の感想ワークや発言、つぶやきなどから把握する。

ぎおんまつり

主題	内容項目	主として集団や社会との関わりに関すること
日本と外国も同じ	C 国際理解、国際親善	

第2学年　　　　　　　　　　　　　　　　　　　　　　その他

せかいのともだち

出典　文部省「道徳の指導資料とその利用6」

1　ねらい

他国の人々や文化に親しもうとする心情を育てる。

2　主題設定の理由（指導観）

●ねらいとする道徳的価値（価値観）

グローバル化が進展する今日だからこそ、他国の文化に対する理解とこれらを尊重する態度を養うことは大切である。日本と他国の文化は違うが、共通点も多い。他国の文化に興味をもち、他国の人々と親しもうとする心情を育てていきたい。

●児童の実態（児童観）

外国にも、様々な遊びが存在する。児童は、それが日本の遊びなのか外国の遊びなのかあまり意識せず遊んでいる。外国のどの遊びも日本の遊びとも共通点があるものである。その違いや共通点から、外国の遊びに興味をもとうとする心情を育てたい。

3　教材について（教材観）

●教材の概要

先生が紹介した遊びを2つ伝えている教材である。1つは、「ぞうけん」という南の国のぞうのじゃんけんで、もう1つは「へびごっこ」というアフリカに伝わるのにごっこである。この2つの遊びを知ることで、主人公は世界にはいろいろな遊びがあることを知り、日本人でなくても人間は同じことを考えるのだと考える。そして、もっと世界のことを知りたい、いろいろな国の人と友達になりたいと思う。

●教材活用の視点

世界の遊びと日本の遊びの共通点と相違点を考えることを問題として、学級全体で追究していく。そこで、他国の人々や文化に親しむよさを考えさせるために、2つの世界の遊びのよさを感じさせながら、もっと世界のことを知りたいという素直な思いを引き出せるようにしていく。

4　指導のポイント

他国の人々や文化に親しもうとする心情を支えている多様な考え方、感じ方を問題として、問題解決的な学習を展開する。そこで、「ぞうけん」と「へびごっこ」のよさと日本の遊びである「じゃんけん」と「おにごっこ」との共通点と相違点を、教材『せかいのともだち』を通して追究させる。

学習指導過程

	学習内容	指導上の留意点
導入	1　外国の遊びについて、発表し合う ○外国の遊びを知っているか。 ・あまり知らない。 ・おにごっこを日本の遊びではないと思っている人がいる。	・体験に差が予想されるので、事前アンケートをとり、その結果を発表する。 ・他国のことについてあまり知らないことを全体で確認する。
展開	日本のあそびとせかいのあそびをくらべよう。 2　『せかいのともだち』をもとに、問題解決を図る ○本時の問題を確認する。 ○先生から遊びを教えてもらったとき、どんなことを思ったか。 ・日本の遊びに似ている。 ・おもしろい。 ・日本の遊びの方がいいのではないか。 ◎「ぞうけん」と「じゃんけん」、「へびごっこ」と「おにごっこ」をしている子どもたちは、どんな気持ちだろうか。 ・ぞうけんにもグー、チョキ、パーみたいのがある。みんな楽しそうです。 ・へびごっこでも、おににはなりたくないと思う。 ・日本の遊びも世界の遊びも、やっているときはとても楽しい気持ち 3　他国の人々や文化に親しもうとする考えを想起する ○外国の遊びをしたことはありますか。そのときどんな気持ちでしたか。 ・どれも日本の遊びに似ていて楽しい。 ・みんなでしていると楽しいからもっと知りたい。	・日本の遊びの共通点、相違点を感じていた主人公の気持ちを通して、他国の文化に親しむ思いを自分事として考えられるようにする。 ・他国の遊びの楽しさを感じ、これからも他国の人々や文化に親しみたいと感じている気持ちを自分との関わりで考えさせる。 ・外国の遊びについて想像しにくいので、教師が児童のやったことのありそうな遊びを紹介する。
終末	4　教師の説話を聞く	・世界のじゃんけんを紹介する。

主として集団や社会との関わりに関すること

せかいのともだち

板書計画

問題を明確にし、追究する板書構成

本時の「国際理解、国際親善」に関わる問題を教材から児童の問いを大切にしながら作り、教材を基に自分との関わりで考える学習を促すような板書を構想する。

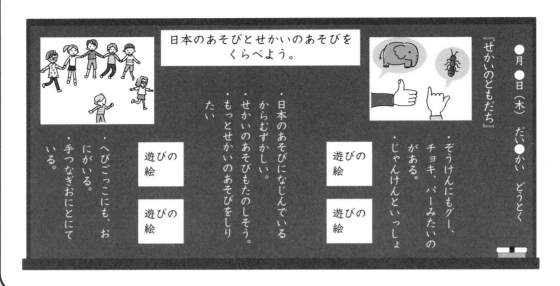

授業の実際

1 導入から展開へ

T 外国の遊びを知っていますか。
C 知らない。
C サッカーはカタカナで書くから外国の遊びかな。
C おにごっこでも、バナナ鬼は外国の遊びかな。
T みなさん、あまりどれが日本の遊びでどれが外国の遊びか分からないですよね。教材を読みながら、みんなで考えてみましょう。
（教材提示）
T （場面絵を貼りながら問題を板書に書く）今日は日本の遊びと世界の遊びを比べながら、外国のことについて考えてみましょう。
　先生から外国の遊びを教えてもらったとき、どんなことを思ったのでしょう。
C 日本の遊びに似ている。

T どんなところがですか？
C 「ぞうけん」はじゃんけんに似ているし、へびごっこは手つなぎ鬼に似ている。
C おもしろい。
C 日本の遊びの方が分かりやすい。
T そうですね。どの考えもよく分かりますね。では、「ぞうけん」と「へびごっこ」それぞれについて考えていきましょう。遊んでいる子どもたちはどんな気持ちでしょうか。
C 「ぞうけん」にもグー、チョキ、パーみたいなものがあります。どうしたら勝てるのかな。
C どれを出しても勝てるときもあれば、負けるときもあります。おもしろいな。
C いろんなじゃんけんをすると楽しい。

問題解決的な学習のポイント

外国になじみのない児童でも外国の遊びに興味をもてるよう、写真等を多く用いて教材に入り込めるように展開する。

ポイント①
他国の人々や文化に親しむ実践意欲を育てるために、低学年という実態を考慮し、教材を読んで、日本と外国を比べることを問題とする。

ポイント②
遊びという低学年にとって経験のある近いことから、国際理解という低学年には経験の少ない話へと進めるようにする。

ポイント③
他国の人や文化を親しむ楽しさを感じさせながら、まだまだ知らない外国についてもっと知りたいという気持ちを引き出す学習過程にする。

2 問題解決から個々のまとめ

T 「へびごっこ」と「ぞうけん」、それぞれの日本の遊びもどちらも楽しそうですね。
C 日本の遊びに慣れているから難しいと思います。
C ぼくも日本の遊びの方が分かりやすいと思います。
T 2人とも、日本の遊びの方がよいという考えですね。他の考えはありますか。
C 私は逆に普段やっていないからおもしろいなと思いました。
C 私も世界の遊びをやってみたいと思いました。
T 2人は、世界の遊びをやってみたいという考えですね。他にはどうでしょう。
C どちらがよいというわけではなく、どっちもよいところがあるので、やってみるとよいと思いました。
C もっともっと世界の遊びについて知ると、さらによいところを見付けられるのではないでしょうか。
T どの考えもすてきですね。（写真で遊びを説明しながら）では、みなさんは外国の遊びをしたことがありますか。やったときどんな気持ちになりましたか。

評価のポイント

本時の指導の意図は、児童が主人公に自我関与しながら、主人公の変化を感じ、他国の人々や文化に親しむ心情を育てることである。

児童が、日本と外国を比較しながら問題を解決し、話合いを深めていく。

主として集団や社会との関わりに関すること

せかいのともだち

主　題	内容項目	主として生命や自然、崇高なものとの関わりに関すること
生命のすばらしさ	D 生命の尊さ	

第2学年

まりちゃんとあさがお

廣あ①
※①：第1学年掲載

出典　文部科学省「小学校道徳　読み物資料集」

1　ねらい

生命の素晴らしさに気付き、生命を大切にしようとする心情を育てる。

2　主題設定の理由（指導観）

●ねらいとする道徳的価値（価値観）

生命を大切にし尊重しようとする心は、生命の誕生や成長、死などに触れる中で、生命がもつ有限性や神秘性、連続性などの素晴らしさに気付くことで育まれていくものである。生命の素晴らしさに気付き、生命を大切にしようとする心情を育てたい。

●児童の実態（児童観）

あさがおを育てた生活科の学習では、自然の不思議さに気付き、あさがおが成長する喜びを実感していたが、それを生命の素晴らしさとして捉えていたわけではない。そこで本時の学習では、生命の素晴らしさに気付き、生命を大切にすることの大切さを考えさせたい。

3　教材について（教材観）

●教材の概要

まりちゃんは、おばあちゃんからあさがおの種をもらい、毎朝水やりをしながら育てていた。ある朝、あさがおに2つの花が咲いて、まりちゃんは喜んだ。しかし、学校から帰ると花は小さく萎んでいた。悲しそうにしているまりちゃんに、おばあちゃんは「あさがおの花はすぐに萎んでしまうが、新しい命が生まれる。種ができて命はつながっていく。」と話す。

●教材活用の視点

教材を共感的に活用し、まりちゃんに自我関与させることで、生命の素晴らしさに対する自分自身の考えを見つめさせる。生命の誕生や成長、衰えや死を見た上で、新しい命へのつながりに気付いたときの気持ちを、まりちゃんになりきって考えさせることで、生命の素晴らしさに気付き、生命を大切にしようとする心情を育てたい。

4　指導のポイント

登場人物への自我関与をさせるために、導入では写真の提示、教材提示では紙芝居の活用、展開前段では場面絵の提示の工夫をしながら、まりちゃんの気持ちを問う発問を中心として授業を構成する。

学習指導過程

	学習内容	指導上の留意点
導入	1　生活科であさがおを育てたときの経験を思い起こす ○あさがおを育てたときのことを覚えていますか。 ・覚えてる。 ・きれいな花が咲いた。 ・あさがおが大きくなってうれしかった。	・自分事として考える構えをつくるために、教材の登場人物と同じ状況にあったときの自分の経験を思い起こさせる。 ・自分の経験を思い出しやすくさせるために、活動していたときの写真を提示する。
展開	2　『まりちゃんとあさがお』を読んで、話し合う ○初めてあさがおが咲いたとき、まりちゃんはどんな気持ちだったでしょうか。 ・きれいに咲いてうれしい。 ・もっとたくさん咲いてほしい。 ○萎れたあさがおを見たとき、まりちゃんはどんな気持ちだったでしょうか。 ・萎れてしまって悲しい。 ・元気を取り戻してほしい。 ◎「命はつながっていく」というおばあちゃんの言葉を思い出しながら、まりちゃんはどんな気持ちだったでしょうか。 ・命がつながるなんて、すごい。 ・命がつながっていくのは素敵だな。 ・私もあさがおと同じように、つながっている。 ・どんな命でも、つながっているんだ。 ・素晴らしい命だからこそ、大切にしていきたい。 3　自分の経験を振り返る ○命が素晴らしいと思ったことはありますか。 ・弟が生まれたときに、命っていいな、大切にしたいなと思った。	・児童により一層、自我関与させるために、紙芝居で教材を提示する。 ・生命の誕生や成長を見たときの気持ちを、自分事として考えさせる。 ・生命の衰えや死を見たときの気持ちを、自分事として考えさせる。 ・命が新しい命へとつながることを教えてもらったときの気持ちを、自分事として考えさせる。 ・言葉で書くことで自分の考えをより明確にさせるために、ワークシートに書かせてから話し合わせる。 ・自分事として考えさせるために、児童の経験を想起させる。
終末	4　教師の説話を聞く	・教師自身が生命のすばらしさを感じた経験談を話す。

主として生命や自然、崇高なものとの関わりに関すること

まりちゃんとあさがお

板書計画

「いのち」について多様な意見を引き出す構造的な板書

あさがおの花が咲いたとき、枯れたとき、新たな生命が生まれたときの写真を視覚的に示し、生命について多面的・多角的に考えられる板書を構想する。

授業の実際

1 導入の実際と中心発問での話合い

（導入）
T この写真は何をしているところでしょうか。
C あさがおを育てたときだ。
C ぼくも写っているよ。
T そうです。あさがおを育てたときの写真ですね。あさがおを育てたときのことを覚えていますか。
C あさがおが大きくなって、うれしかったな。
C 自然の不思議さも、みんなで考えたよね。
T そうでしたね。今日の話に出てくる「まりちゃん」という女の子も、みんなと同じようにあさがおを育てています。どんな気持ちで育てているのかを、まりちゃんになりきって考えながら、話を聞きましょう。

（中心発問）
T 「命はつながっていく」というおばあちゃんの言葉を思い出しながら、まりちゃんはどんな気持ちだったでしょうか。命が新しい命へとつながること教えてもらったときですね？
C いいな。
T どんなところが、いいのかな？
C 命がつながるところ。
T なるほど、命がつながるところがいいなと思ったんだね。
C 命がつながるのが、すごいな。
C 命がつながっていくのは、素敵だな。
C 私の命もあさがおと同じように、つながっているんだな。
C どんな命でも、つながっているんだ。
C 素晴らしい命だから、わたしは大切にしたい。

登場人物への自我関与のポイント

児童が自分との関わりで考えられるように様々な工夫を行う。

導入において、児童があさがおを育てる活動をしていたときの写真を提示する。

児童により一層、自我関与させるために、紙芝居で教材を提示する。

それぞれの発問ごとに場面絵を提示して、まりちゃんになりきって思ったことを自由に発表させる。中心発問では、さらにワークシートに書かせてから、話合いを行う。

2 登場人物への自我関与から自分の経験の振り返りへ

（展開後段）
T みんなで話し合ったことを黒板に書いたけれど、まりちゃんはこのようなところ（板書した内容）が、命っていいな、命って素晴らしいなと思ったんだろうね。まりちゃんと同じように、君たちも命っていいな、命って素晴らしいなと思ったことはありますか。
C 弟が生まれたときです。
T 詳しく話して。
C 生まれてすぐには会えなかったけれど、何日かしてから初めて会って抱っこしました。
T どんな気持ちだったのかな。
C 柔らかくて、可愛かった。うれしくて、大切にしたいと思いました。

（終末）
T みんなも命っていいな、命って素晴らしいなと思ったことがあるんだね。実は私もみんなと同じように、命っていいな、命ってすばらしいなと思ったことがあります。それは…。

.... 評価のポイント ....

児童の発言やワークシートに書かれた内容から、ねらいとする道徳的価値に関わって、自分との関わりで考えていたか、多面的・多角的に考えていたか、自分の生き方について考えていたかを把握し、評価に生かす。

主として生命や自然、崇高なものとの関わりに関すること

まりちゃんとあさがお

主題	内容項目	主として生命や自然、崇高なものとの関わりに関すること
自然を大切に	D 自然愛護	

第2学年

虫が大すき
―アンリ・ファーブル―

教 出 日 文
廣あ①
※①：第1学年掲載

出典 文部省「わたしたちの道徳 小学校1・2年」

1 ねらい

身近な自然に親しみ、動植物に優しい心で接しようとする心情を育む。

2 主題設定の理由（指導観）

●ねらいとする道徳的価値（価値観）

地球全体の環境の悪化が懸念され、持続可能な社会の実現が求められている中で、自然環境や動植物を大切にしようとすることは重要である。自然や動植物を大事に守り育てることの大切さについて考えさせたい。

●児童の実態（児童観）

児童は、生活科の学習などにおける自然や動植物と直接触れ合う多くの体験を通して、自然や動植物に対する親しみやすいとおしさ、生命の不思議さを感じてきた。これらが、自然や動植物を大事に守り育てるために大切であることを考えさせたい。

3 教材について（教材観）

●教材の概要

『昆虫記』で知られるアンリ＝ファーブルの話である。物語では、幼少期から虫が大好きで、虫を見付けては、声を挙げて喜んでいる様子や、虫を長い間観察をしている様子が取り上げられている。成人してからも、虫好きは変わらず、採集・観察数多くするようになる。採集した虫を観察した後、「もとのところへお帰り」と逃がしており、虫に対して感謝の気持ちをもっていた様子も取り上げられている。

●教材活用の視点

自然や動植物を大事に守り育てることの大切さについて考えさせるために、児童をファーブルに自我関与させて、動植物に関心をもっているときや動植物と優しい心で接しているときの感じ方、考え方について想像できるようにしたい。

4 指導のポイント

導入段階で、道徳的価値について自分との関わりで考えやすくするために、「自然愛護」に関わるポスターを提示する。身近な自然に興味をもたせ、自分事として考える構えをつくる。展開後段において、自分自身を振り返りやすくするために、導入で示したポスターや児童の発言を振り返らせる。

学習指導過程

	学習内容	指導上の留意点
導入	1　自然愛護に関わるポスターを見て、何を伝えるための看板なのかを考える ・「花や草を大切にしよう」ということを伝えている。 ・「動物を大切にしよう」ということを伝えている。 2　ジャン＝アンリ・ファーブルについて知る	・ねらいとする道徳的価値への方向付けを図ると同時に、自分事として考えることができるように、児童に身近な自然愛護に関わるポスターを提示する。 ・ジャン＝アンリ・ファーブルについて絵を用いながら説明し、教材の内容の補説をする。
展開	3　『虫が大すき』を読んで話し合う 〇虫を探している時、ファーブルはどんなことを考えていたか。 ・虫を探すのは楽しいなあ。 ・早く虫に出会いたいな。 ・どんな虫がいるのか、ワクワクするな。 〇アリを見続けていたファーブルは、どんなことを考えていたか。 ・アリはかわいいなあ。 ・アリは何しているのかな、不思議だなあ。 ・アリについてもっと調べてみたいな。 ◎ファーブルはどんな思いで虫を逃がしたのか。 ・観察させてくれてありがとう。 ・虫には虫の家があるから帰りな。 ・また会おうね。 ・このままだと死んでしまうから逃がそう。 ・もっと観察したかったな。 4　自然や動植物を大切にできたときの考えや思いを振り返る 〇虫や動物、植物などを大切にできたことはありましたか。	・動植物に興味をもっているときの感じ方・考え方を自分との関わりで考える。 ・動物に関心をもったり、不思議さやいとおしさを感じたりしているときの感じ方、考え方を自分との関わりで考える。 ・動植物と優しい心で接しているときの感じ方・考え方を自分との関わりで考えることができるように、虫を逃がすファーブルを動作化させる。 ・自分自身を振り返りやすくするために、導入で示したポスターや児童の発言を振り返らせる。
終末	5　教師の説話を聞く	・教師が動植物と優しい心で接することができた経験を話す。

主として生命や自然、崇高なものとの関わりに関すること

虫が大すき

板書計画

道徳的価値の理解を促す板書構成

教材をもとに、自然や動植物に対する親しみやいとおしさ、生命の不思議さについて自分との関わりで考える学習を促すような板書を構想する。

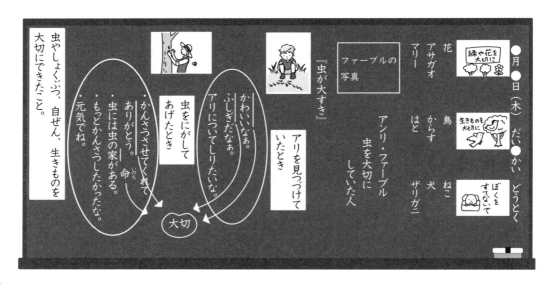

授業の実際

1　自分事として考える構えをつくる導入

T　このポスターをみたことありますか。「緑や花を大切にしよう」と書いてありますね。どういう意味でしょう。
C　緑は草という意味で、草とか花を大切にしてくださいという意味です。
T　草とか花のことですね。みんなは何を育てたことありますか？
C　野菜です。
C　アサガオやマリーゴールドです。
T　家や学校で花や草を育ててきたのですね。ではこのポスターはどういう意味ですか。「生き物を大切に」とありますね。
C　鳥とかの動物を大切にしてくださいという意味です。
T　動物などの生き物ですね。みんなはどんな生き物を知っていますか。
C　カラスやハトです。
C　ゾウです。

T　街中にいる鳥を見付けたり、動物園で動物を見たりしたことがあるのですね。これはどういう意味のポスターでしょう。「ぼくを捨てないで」とあります。
C　飼っているペットを捨てないでということです。
T　犬が段ボール箱に捨てられてしまっていますね。みんなは生き物を飼ったことがありますか。
C　家に猫がいます。
C　学校でザリガニを買っています。
T　家や学校で、生き物を飼ったことがあるのですね。これらのポスターでは、自然や生き物を大切にしようとあるけど、大切にするってどういうことなのでしょう。今日は、そのことについて考えていきます。

自分事として考えやすくするためのポイント

道徳的価値に関わる児童の経験を引き出す。

児童にとって身近なポスターを提示し、関連した児童の経験を多く想起させることで、自分事として考えることができるようにする。

【提示するポスター】
・学校の駅の近くに掲示されている「緑や花を大切に」というもの
・学校内にある委員会が作成した「生き物を大切に」というもの
・ペットを大切にすることを呼びかけるもの等
　これらをもとに、自然や動植物に関わる経験を引き出す。

自分自身を振り返る場面において、導入で出た意見を振り返ることで、低学年でも自分の経験を振り返りやすくする。

2　自分自身を振り返る場面

T　生き物を不思議に思ったり、かわいいって思ったり、生き物の命を大切に思ったりすること等が生き物を大切にするっていうことなのですね。今日は、ファーブルさんの話を通して、生き物を大切にすることについて考えました。今から、自分自身を振り返ってみましょう。みんなは、生活科でアサガオや野菜を育てたり、家で猫や犬、虫を飼っていたりしますね。みなさんもファーブルさんのように、生き物を大切にできたことはありますか。考えてみましょう。
C　アサガオに水をあげたことです。
T　アサガオに水をあげたことある人たくさんいますね。なぜ、水をあげるのですか？
C　枯れちゃうからです。
T　枯れないように水をあげて育てることも、生き物を大切にすることの1つですね。
C　お祭りの金魚すくいで手に入れた金魚を家で飼っていることです。
T　金魚を見ているときどんなことを考えていますか？
C　かわいいなあ。
T　かわいいって思うことも生き物を大切にすることの1つでしたね。

評価のポイント

本時の指導の意図は、児童が登場人物に自我関与して、自然や動植物を大事に守り育てるために大切な感じ方、考え方を考えることである。動植物と優しい心で接しているときの感じ方、考え方について自分との関わりで考えている学習状況を発言やつぶやきなどから把握する。

主として生命や自然、崇高なものとの関わりに関すること

虫が大すき

主　題	内容項目	主として生命や自然、崇高なものとの関わりに関すること
美しい心	D　感動　畏敬の念	

第2学年
しあわせの王子

東書③　学図③
教出　光文
学研③　廣あ
※③：第3学年掲載

出典　文部省「小学校道徳の指導資料第2集第2学年」

1　ねらい

物語で語られる美しい心の存在に気付き、感じたことを学級の中で伝え合い、共有する。

2　主題設定の理由（指導観）

●ねらいとする道徳的価値（価値観）

人間の説明を超えた美への感動や崇高なものに対する畏敬の念をもつことは、人としての在り方を見つめ直すきっかけを与えてくれる。物語で語られる美しいものを分かりやすく抽出し、学級全ての児童と共に余韻に浸れるものにしたい。

●児童の実態（児童観）

「美しいものに触れ、すがすがしい心をもつ」という体験は、児童によって個人差がある。そのため、学校の教育活動全体を通して児童に考えさせていくことが求められる。授業では、どの児童の感性もゆすぶられるよう、感動の場面を焦点化し、丁寧な取組を大切にしたい。

3　教材について（教材観）

●教材の概要

美しい物語である。自己犠牲・献身の精神をもった「しあわせの王子」と「しあわせの王子」に心惹かれ、寄り添い、最後は命を落とす「つばめ」が登場する。オスカー・ワイルドによる子ども向けの短編小説をもとに書き下ろされたものである。

●教材活用の視点

「しあわせの王子」と「つばめ」の身体的、心理的な距離感に着眼し、「つばめ」の心が変容していく様を順次捉えていく。王子の町の人々への愛を知り、その優しさに心打たれたつばめの心を考えさせたい。話の最後に身体的、心理的に最接近する「むね」に焦点を当て、この物語で語られる美しい心の存在を児童に感じ取らせたい。

4　指導のポイント

授業を通して、感動したことを児童が自らの言葉で表現し、その感じ方をより明確にできるよう思考の場である板書を工夫する。また、王子とつばめが神のむねに抱かれ天へ召されるシーンを動作化させ、お話の世界観に浸らせる。より感受性の強い児童の感想を学級全体に紹介し共有させたい。

学習指導過程

	学習内容	指導上の留意点
導入	1　本時で取り扱う物語をより理解するための知識を得る ○つばめってどんな鳥か知っていますか？ 　・テレビで観た。渡り鳥。	・なぜ南へ南へ渡っていくのか説明し、物語の中で南下しなかったつばめの行動の重さへの理解につなげる。
	美しい心について感じたことを伝え合おう。	
展開	2　『しあわせの王子』を読み、話し合う ＊「つばめ」の「しあわせの王子」への思いを考える。 ○「つばめ」は、最初は「しあわせの王子」の足もとにいました。王子のことをどう思っていたでしょうか？ 　・なぜ泣いているの？ ○目が見えなくなった王子の目を羽で優しくさする。王子のことをどう思っていたでしょうか？ 　・どうしてそこまでがんばるの？ 　・ぼくがいっしょにいてあげよう。 ○王子のむねでつぶやくように言う。このとき、つばめは王子のことをどう思っていたでしょうか？ 　・王子といっしょにいれてよかった。 　・王子大好きだよ。 ＊物語のテーマについて焦点化して考える。 ○王子に聞いてもらうなら耳元が一番聞こえると思わないか？どうして王子の「むね」だったのか？ 　・一番温かいから。 　・むねに心があるから。 　・一番安心できるから。 ＊登場人物になりきり、心情を想像する。 ○神様も王子とつばめをやさしくむねにだきあげている。みんなも神様になったつもりで、王子とつばめをやさしくむねにだきあげてみよう。王子とつばめはどんな様子か？ 　・すごくしあわせそう	・話しかける前の段階であると伝え、無関心に近かったことを押さえ、より変容を際立たせる。 ・「つばめの気持ちは？」と聞くと「さみしい」「はなれたくない」しか出ないと思われる。王子のことをどう思っていたかを繰り返し聞くことで、つばめの思いを自分事として考えさせたい。 ・「どうして耳の近くや顔のそばじゃないの？」と「どうしてむねなの？」と問いかけ、深く考えさせる。 ・むねが特別な場所であることを子どもたちの言葉で板書する。 ・話の世界に没頭させ、自分事として考えさせられるかがポイントとなる。
終末	3　心に残ったお話を伝え合う	・出来る限り交流させる。交流の時間をしっかり取れるよう、時間配分が肝となる。

主として生命や自然、崇高なものとの関わりに関すること

しあわせの王子

板書計画

児童の多様な考えを引き出す板書構成

児童の多様な考えを引き出しながら物語の時系列で児童の発言を整理し、道徳的価値について多面的・多角的に考えられるように構成する。

授業の実際

1 「考え、議論する」授業の実際

T みなさんは「美しい心」とはどんな心だと思っていますか？
C やさしい心。
C さわやかな心。
C すてきな心。
T 今日はこのお話を学ぶことを通して「美しい心」について感じたことを伝え合いましょう。

> 美しい心について感じたことをつたえ合おう。

T このお話にはつばめが出てきます。つばめという鳥を知っていますか？
（資料中の絵を掲示し、視覚に訴える。）
C 巣作りをしているのを見た。
C 今はいないなぁ。
（渡り鳥であるのにも関わらず南下せず、王子のそばにいることを選んだつばめの行動の重さを理解するための布石とする。）
T 「つばめ」は、最初は「しあわせの王子」の足もとにいました。王子のことをどう思っていたでしょうか？
C よく分からない。
C なぜ泣いているのかな。
T 目が見えなくなった王子の目を羽で優しくさする。王子のことをどう思っていたと思いますか？
（「やさしくする」様を動作化する。さする速さや強さを一緒に考えさせることで、より感情移入させる。）
C どうしてそこまで頑張るの？
C ぼくが一緒にいてあげよう。

問題解決的な学習のポイント

児童が教材の世界に入り込めるように絵本などを用いる。

美しい話であることを視覚的にも伝えるため、絵本等の挿し絵を示し想像の世界をふくらませるようにする。

つばめが王子をどう思っているのかを繰り返し問い、つばめの心を自分事として捉えるようにする。

「むね」が特別な場所であることを確認し、動作化を取り入れ児童一人一人が話の世界に浸ることができるようにする。

2 テーマについて焦点化し、考え交流する。

T つばめは王子にお別れの言葉をつぶやくのにどうして耳元ではなく「むね」を選んだのでしょう。
C 一番温かいから。
C むねは心だから。
C 安心できるから。
C 一番しあわせに近いから。
T なるほど、みんなが言うようにむねは特別な場所なんですね。
T 神様も王子とつばめをやさしくむねに抱き上げますね。神様になったつもりで王子とつばめを抱き上げてみてください。
C 王子とつばめがすごく幸せそう。
C 2人一緒でよかった。
C きっとずっと幸せだと思う。
C 多くの人を幸せにして満足してると思う。
T みなさんは「しあわせの王子」の他にも心に残っているお話はありますか。思い出してみましょう。
C 『かさじぞう』が心に残っています。
T どんなところが心に残っていますか。
C おじさんがとっても優しいところです。

> **評価のポイント**
>
> 本時の授業の意図は、児童が物語で語られる美しい心の存在に気付き、それを伝え合うことである。振り返りワークに書いた感動したことを、発言する様子や授業の中での動作化の様子を把握する。

主として生命や自然、崇高なものとの関わりに関すること

しあわせの王子

編著者

赤堀　博行　Akabori Hiroyuki　帝京大学大学院教職研究科教授

1960年東京都生まれ。都内公立小学校教諭、調布市教育委員会指導主事、東京都教育庁指導部義務教育心身障害教育指導課指導主事、同統括指導主事、東京都知事本局企画調整部企画調整課調整主査（治安対策担当）、東京都教育庁指導部指導企画課統括指導主事、東京都教育庁指導部主任指導主事（教育課程・教育経営担当）、文部科学省初等中等教育局教育課程課教科調査官・国立教育政策研究所教育課程研究センター研究開発部教育課程調査官を経て、現職。教諭時代は、道徳の時間の授業実践、生徒指導に、指導主事時代は、道徳授業地区公開講座の充実、教育課程関係資料の作成などに尽力する。この間、平成4年度文部省道徳教育推進状況調査研究協力者、平成6年度文部省小学校道徳教育推進指導資料作成協力者「うばわれた自由（ビデオ資料）」、平成14年度文部科学省道徳教育推進指導資料作成協力者「心のノートを生かした道徳教育の展開」、平成15年度文部科学省生徒指導推進指導資料作成協力者「非行防止教育実践事例集」、平成20年度版『小学校学習指導要領解説　道徳編』の作成にかかわる。主な著作物に『道徳教育で大切なこと』『道徳授業で大切なこと』『「特別の教科　道徳」で大切なこと』『これからの道徳教育と「道徳科」の展望』（東洋館出版社）、『心を育てる要の道徳授業』（文溪堂）、『道徳授業の発問構成』（教育出版）などがある。

執筆者一覧（執筆順）

赤堀　博行	帝京大学大学院教職研究科教授
本郷　恵理	岐阜県瑞穂市立穂積小学校
湯浅　眞知子	徳島県阿南市立吉井小学校
白坂　芽依	東京都稲城市立稲城第七小学校
富川　克子	東京都町田市立町田第四小学校
相内　順	東京都八王子市立由井第一小学校
渡辺　由莉	東京都大田区立中富小学校
京田　華子	東京都練馬区立大泉北小学校
小林沙友里	東京都大田区立雪谷小学校
中治　未佳	東京都足立区立梅島小学校
弓削　典子	岡山県倉敷市立柏島小学校
春原　裕太	東京都千代田区立九段小学校
寿山　侑子	東京都大田区立清水窪小学校
庄子　寛之	東京都世田谷区立池之上小学校
幸喜　郁枝	埼玉県所沢市立明峰小学校
龍神　美和	大阪府豊能町立東ときわ台小学校
粂川　陽美	東京都中野区立白桜小学校
木村　隆史	東京都豊島区立豊成小学校
彦阪　聖子	大阪府堺市立西陶器小学校

小学校　考え、議論する
道徳科授業の新展開　低学年

2018（平成30）年2月22日　初版第1刷発行

編著者　赤堀博行
発行者　錦織圭之介
発行所　株式会社 東洋館出版社
　　　　〒113-0021　東京都文京区本駒込5-16-7
　　　　営業部　TEL：03-3823-9206　FAX：03-3823-9208
　　　　編集部　TEL：03-3823-9207　FAX：03-3823-9209
　　　　振　替　00180-7-96823
　　　　ＵＲＬ　http://www.toyokan.co.jp

［装　　丁］中濱健治
［本文デザイン］竹内宏和（藤原印刷株式会社）
［イラスト］成瀬　瞳
［カバーイラスト］おおたきまりな
［印刷・製本］藤原印刷株式会社

ISBN978-4-491-03472-0　Printed in Japan

JCOPY　＜(社)出版者著作権管理機構　委託出版物＞
本書の無断複写は著作権法上での例外を除き禁じられています。複写される場合は，そのつど事前に，(社)出版者著作権管理機構(電話：03-3513-6969，FAX：03-3513-6979，e-mail：info@jcopy.or.jp)の許諾を得てください。